社会心理学のストーリー
無人島から現代社会まで

田島 司 著
Tsukasa Tajima

ナカニシヤ出版

まえがき

　本書は社会心理学の初歩的な教科書であり，主に大学生が読者となることを想定して執筆した。

　近年の大学における講義の一般的な進め方は，おそらく以下のようなものであろう。講師がキーワードやその定義などを板書すると，それを学生がノートに書き写す。スクリーンに表やグラフ，写真等を映し出して説明するが，それと同じ情報を記載したプリントはすでに学生に配布されている。そして，講義を休んでしまった学生は友人のノートやプリントを借りてコピーを取ることができ，しかもそれらの情報の一部はインターネットからも容易に入手できる場合がある。

　このような時代の教科書にあるべき情報とは何だろうか。そこには，図表やキーワードよりも，それらの断片的な情報を繋ぎとめるための，一種の「ストーリー」が必要なのではないだろうか。もちろん，そのような「ストーリー」とは，まさに講師から語られる講義そのものである。したがって，講師が語る「ストーリー」からみれば，教科書の「ストーリー」は，いわば映画の予告編や観賞後に振り返るダイジェスト版のようなもの，ということになる。

　このような時代背景をふまえて企画した本書は以下のような特徴をもっている。まず第1章では無人島に降り立ったところから「ストーリー」が始まり，次に他者と出会い，特定の関係が作られ，集団が形成され……というように，徐々に人間関係が複雑になっていく流れの中に，社会心理学の研究を筋に沿って位置づけながら紹介している。第10章までの「ストーリー」がスムーズにつながるよう心がけたつもりである。

　また，引用する研究や紹介するキーワードはベーシックなものだけを選び，使いやすい教科書となることを目指した。「社会心理学」という目抜き通りには，ウィンドーショッピングしたくなる新しいお店が数多く軒を連ねているが，今回は老舗の有名店だけを見てまわる，という感じである。

　さらに本書では，実験の流れの説明や，その現象を日常の具体例に当てはめ

る際に，リアルな想像をしやすいようマンガを利用した。マンガは素人である筆者自身がマンガ作成用ソフトを用いて描いているため，稚拙なところもあるだろうがご容赦願いたい。

　社会心理学の講義を受講する大学生でなくても，本書を通読することで社会心理学のおおまかな全体像をつかむことができ，より詳しく学びたいと思うきっかけとなれば幸いである。

　最後になるが，ナカニシヤ出版編集統括の宍倉由高氏には本書の出版を快くお引き受けいただき，編集部の山本あかね氏には編集上のさまざまなご支援をいただき大変お世話になった。両氏には心から感謝申し上げる。また，出版にあたっては北九州市立大学から学術図書刊行助成を受けた。そして，本書の執筆には草稿段階から校正に至るまで妻晶子の協力を得た。

目　次

まえがき　　i

1　無人島で生き抜くことを想像してみよう・・・・・・・・・1

 1-1　一つ一つ学んでいく　　1
 1-2　うまくできれば自信がもてる　　5

2　他に人がいるだけで，こんなに変わる・・・・・・・・・7

 2-1　他者の単なる存在　　7
 2-2　他者への気持ち　　12

3　人の行動から影響を受ける・・・・・・・・・・・・・17

 3-1　人につられて行動が変化する　　17
 3-2　人の行動を頼りにする　　19
 3-3　他者と同じことをする時の葛藤　　24
 3-4　いつ，誰に左右されやすいのか　　26

4　特定の関係になっていく・・・・・・・・・・・・・・33

 4-1　相手を知る　　33
 4-2　気に入って，近づいていく　　36
 4-3　気に入らず，離れていく　　43

5 関係が進展していく ・・・・・・・・・・・・・・・・47

5-1 親密になっていく　47

5-2 関係の進展を妨げる葛藤　51

6 同じ目標を目指して，みんなで力を合わせる・・・・・・57

6-1 集団目標を共有する　57

6-2 集団目標に向かって進んでいく　63

6-3 異質な存在も取り込んでいく　67

7 主体的な自己を顧みる・・・・・・・・・・・・・・・・71

7-1 主体的な自己が見えてくる　72

7-2 他者の期待が自己になる　78

7-3 自己を一貫して安定的に顧みたい　82

8 対象としての自己を顧みる・・・・・・・・・・・・・89

8-1 自己を肯定的に顧みたい　89

8-2 肯定的な自己を顧みるために　92

9 自分のことと，集団のこと・・・・・・・・・・・・・99

9-1 集団過程でぶつかる2つの側面　99

9-2 集団と個人の葛藤を調整する　103

10　集団間関係がつくる社会 ・・・・・・・・・・・・・ 107

10-1　仲間とそれ以外が存在することによって　　107
10-2　仲間とそれ以外の葛藤と統合　　115

結　　び ・・・・・・・・・・・・・・・・・・・・・・ 123

引用文献　125
索　　引　131

# 無人島で生き抜くことを想像してみよう

　まず最初に，無人島にいることを想像していただきたい。本書は，社会心理学を概説するものであり，言うまでもなく社会とはひとりだけではつくりだせない。そこでまずは，社会の無い状況の想像しやすい例として無人島にいるところから話を始め，徐々に他の人との関わりが深まり，複雑になっていくという流れで社会心理学を紹介していきたい。無人島に降り立ったところから複雑な社会に行き着くまでというストーリーを追いながら，社会心理学の全体像を知ってもらうのがねらいである。

　厳密に言えば，ひとりで過ごす際にも社会の影響は存在している。われわれのような社会で生きる人間であれば，いわば，心の中に社会を引きずったまま無人島に行くことになるが，ここではそういった影響は後に述べるとして，ひとまずこの章では社会の影響から離れた部分の心理的過程を取り上げる。これは社会心理学ではなく認知心理学の分野に含まれる話である。

■ 1-1　一つ一つ学んでいく

　われわれヒトも他の動物と同じように，食料となるものを獲得したり天敵から身を守ったりして環境に適応していかなければならない。「食べられる木の実はどこにあるか」「天敵はどのような姿か」などの情報は，生活する環境によって異なるため，多くの生き物は生まれつき備わっているプログラムだけでなく，学習することで新たな行動を身に付けていくことになる。

古典的条件づけ

　無人島という自然環境に適応するためには，そこで生き抜けるよう徐々に行

動を変えていくことが必要不可欠である。ヒトは行動を部分的に意志によってコントロールするが，意志によらずに，いわば「知らぬ間にそうなる」という行動もあり，その部分も自然環境に適応して変化していくところの1つである。

　例えば，毒のあるキノコを知らずに少し食べてしまったらどうなるか。数日間はひどく苦しむかもしれないが，一度苦しんだら同じキノコをもう一度食べてしまうということはあまりないだろう。それは，再びそのキノコの臭いを嗅いだり味見をした際に，気持ちが悪くなるなど嫌悪感が生じ，それを避けようとするからである。これは**古典的条件づけ**（classical conditioning）による学習の一種であり，意志によらず反射的に勝手にそうなるという変化である。

　パヴロフ（Pavlov, 1927）は犬を使ってこの実験を行っている。最初は犬にベルの音を聞かせただけでは唾液が出るはずもないが，餌を与える時にベルを鳴らしていると，その内にベルを鳴らしただけで，たとえ餌を与えなくても唾液が出るようになるという有名な実験である。

　われわれ日本人は梅干しを見るだけで唾液が出てくることがあるが，これは食べるたびに梅干しの姿を見てから，その直後に酸っぱい味を体験しているからである。最初は酸っぱい味を体験した場合にだけ唾液が出てくるのであり，梅干しの姿を見ただけで唾液が出ることは無い。梅干しの味を知らない文化で育てば，あの姿を見ても甘いデザートだと思うこともあるくらいである。しかし，何度か味わううちに，梅干しの姿が酸っぱい味を体験するいわば前ぶれや前兆となり，それによって，姿を見ただけで唾液が出るという学習が成立するのである。

図1　古典的条件づけ

古典的条件づけは，ヒトに限らずその他の動物でも生じる学習の仕組みの1つであり，毒キノコの例のように，自分にとって悪いことを避ける場合だけでなく，池で手をたたくとエサをまかなくても集まってくる鯉のように，自分にとって良いことに接近する場合の学習にも含まれている（図1）。

オペラント条件づけ

　古典的条件づけは，気持ちが悪くなる，唾液が出る，といった反射的な行動の学習であるが，一方で，意志によってコントロールできる行動も次第に学習されていく。例えば，無人島で魚を捕ろうと，川に入ってむやみやたらに魚を追いかけ回しても，簡単には捕まるものではない。すばしっこい魚は一向に捕まらず，ついには腹を立て，鬱憤を晴らすために大きな岩を両手で高々と持ち上げて川石に勢いよく打ち付けたところで力尽きる，というのがオチである。少し休もうかと思ったその時，打ち当てた衝撃によって石の周りで魚が目を回してプカプカと浮き上がってくる。偶然の行動によって魚という報酬が得られた場合，その後は魚を捕ろうという時には意識的にその行動を繰り返すようになるであろう。

　また，生活している場所の近くに食べ物の残りを捨てたら野生のネズミが集まってきてしまった，という場合には，原因となったゴミ捨ての行動を意識的に止めるようになるであろう。良い結果が起こった行動の頻度は増加し，悪い結果が起こった行動の頻度は減少するという変化が学習によって生じるのである。

これは**オペラント条件づけ**（operant conditioning）による学習である。**スキナー**（Skinner, 1938）は，この実験を箱の中に入れたネズミで実験している。その箱にはレバーがあり，それを押すとエサが出てくる。ネズミは初めはそれを知らないが，偶然レバーを押した時に餌が出たことから，その後は自発的にレバーを押すようになるというものである（図2）。

サーカスで動物たちが目を見張るような高度な芸をするのもオペラント条件づけの成果である。してほしい行動に近い行動をした時に餌を与え，次はもっと近い行動をした時に餌を与える……ということを繰り返しているのである。学校の無い無人島でも，いろいろな行動を手当たり次第に試すうちに，良い結果の起こる行動と悪い結果の起こる行動は徐々に選別され，自然環境への適応が進んでいくことになる。

洞　察

このように，いろいろな行動を手当たり次第に試してみるという場合も確かに有効な場合があるが，いつもそのような効率の悪いやり方で学習していくわけではない。パズルなどを解いている場合には，すべての手順を総当たりで試してみるのではなく，ある時ふっとヒントが思い浮かんだり，解決しそうなやり方を集中的に試してみるのが普通であろう。そのような学習方法についてチンパンジーを使って検討した**ケーラー**（Köhler, 1927）の実験では，天井からつるされたバナナを欲しがっているチンパンジーが，無駄に試行錯誤を繰り返すのではなく，しばらく考えたように見えた後，突然ひらめいたかのように複

図2　オペラント条件づけ

数の道具を組み合わせ，その結果難なくバナナを手に入れたという。

　例えば，無人島にすでに上陸している人は他にいないのか，新たな漂流者がたどり着かないか，などと探す場合に，島中のすべての土地を手当たり次第に探し続けるのは無謀であろう。人の住みやすそうな谷間の川沿いを歩いてみたり，海流からの漂着物が多い砂浜に通うべきである。これは，他者を見つけるという目標に沿って，自然環境に関するこれまでの知識や経験を使った**洞察**（insight）によって一気に解決へと近づく場合である。

■ 1-2　うまくできれば自信がもてる

　このように，他者との交流が無く，たったひとりで生活していく場合にも，ヒトはさまざまなことを学習して環境に適応していくはずである。そのような状況では，自分の判断や行動がこれで良いかどうかという妥当性が，**物理的実在性**（physical reality）に基づいて得られることになる。例えば，枝を揺らすたびにいつも木の実が落ちてきたら，それは良いやり方であると自信をもつことができるし，藪をつついて蛇に何度か噛まれたことがあれば，それは良くないことだと確信する。自分はこれで良いのか？正しいのか？と問いかけた時，その答えは周囲の環境との関わりの結果から得られるということである。

　また，まったく同じ状況が繰り返される場合だけでなく，初めての状況に出会った場合であっても，ある程度の妥当性が物理的実在性から得られるはずである。例えば，初めて見た種類の魚を捕る時であっても，今まで似たような魚

を捕る時に成功していたやり方でおそらく成功するだろうと，少しは自信をもてるものである。

　後の章で紹介するが，実は，一般的な社会で生活するわれわれの場合には，物理的実在性だけでなく他者からも妥当性を得ることができる。しかし，無人島ではそのような社会的な妥当性の源泉が手に入らない。その不足は，次の章から以降で紹介する他者との交流，集団での活動，社会への参画などを経験することによって初めて満たされるのである。

2 他に人がいるだけで，こんなに変わる

　島内に他の漂流者がいないかを探していたところ，自分以外にも数名がすでに島で生活していることが明らかになったとする。こうなればもはや無人島ではない。今までの住処から他のみんなが住む近くに移動し，互いに関わりをもつ可能性がでてくるとなれば，いわゆる人間関係，社会的な交流の始まりである。いよいよここから本格的に社会心理学の内容を紹介していくこととする。

　他者はモノと違って主体的な存在であり，目的や意図をもって自発的に働きかけてくる。自分にとって何か良いことをしてくれる可能性もあるが，もしかしたら突然攻撃をしてくるかもしれないのである。近づいて仲間になれば良いのか，敵と見なして逃げれば良いのか，すぐに分かるとは限らない。だからこそ，他者が存在すると，そこに注意を向けたり，緊張がもたらされたり，いろいろな心理的変化が起こるのである。

　まずは，他者がいるだけで自分にどのような影響があるのか，その後に，そのような他者に向けられる気持ちについて順に紹介していく。

■ 2-1　他者の単なる存在

　他者が何かをしているわけでもなく，単にそこに「居るだけ」でもそこから影響を受けるものである。たとえ初対面の相手であったり，その後すぐにその場から立ち去ることが分かっていてもである。

観客効果

　他者が近くに存在すると知るだけで，気持ちや行動がいろいろと変わる。例えば，無人島だった頃にはダラダラとやっていた水くみも，他者に見られるだ

けで仕事がはかどったりするのである。これは**観客効果**（または**観察者効果**：audience effect）とよばれる。他者の存在のおかげで遂行のレベルが上がった場合をこのように言う。

しかし、「観客」と聞くと、その前で緊張してあがってしまった経験を思い出すことも多いのではないだろうか。練習ではできていたのに、観客を前にした途端にドキドキして失敗してしまうことはめずらしくない。では、なぜ他者の存在によってうまくいったりいかなかったりするのだろうか。

それを説明するためには、他者の存在が**覚醒水準**（arousal level）に与える影響を考えると分かりやすい。ひとりでウトウトとしていた時、他の人の存在に気づいて急に目が覚めることもあれば、ひとりの時には作業に集中できていたが、他の人が来てから集中が途切れて手に付かなくなった、ということもある。これは、他者の存在によって、まどろんでいるような状態から頭がすっきりとした状態へ、さらに緊張や興奮が高まった状態へと覚醒水準が上がるということである。そして、作業の遂行にちょうど良い緊張感、すなわち最適な覚醒水準があるとすれば、他者の存在によって最適な水準へと覚醒が上がる場合を「観客効果」、他者の存在によって最適な水準を超えてしまう場合を「あがり」とよぶ。このように区別すれば、これらの正反対の効果のいずれも理解することができるだろう。また、これを理解したうえで、自分の覚醒水準が少し下がりすぎているなと思ったら家を出て人のいる図書館やカフェで勉強してみたり、上がりすぎているなと思ったら落ち着くためにひと気を避けるなどの調節をするとよいだろう。

図3　観客効果とあがり

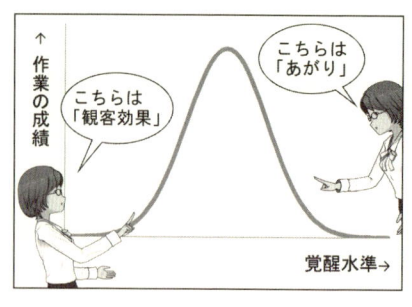
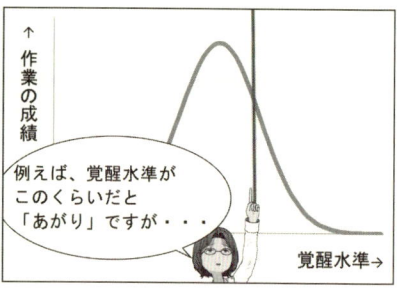

さらに，作業に最適な覚醒水準というのは，その作業内容によって異なっている。例えば，冷静に行うべき，慎重を期する作業というものがある。落ち着いて判断したり，決まったとおりの正確な動きを要求されたりする場合であり，スポーツでいえば弓道や体操の規定演技など，他にも自動車学校での検定試験や大学入試での面接などが身近な思い出かもしれない。これらの行動をする前には，「いつもどおりに」，「大丈夫」，などと声をかけることもあるように，過剰に覚醒水準が上がらないよう工夫していることが分かる。最適な水準が低いので，覚醒水準がそれを超えてしまう場合が多いのである。一方，格闘技や重量挙げ，短距離走などでは，選手が試合やレースの前に大声を出したり自分の頬をたたくなどして気合いを入れているのを見かけることがある。最適な水準が比較的高いために，覚醒水準を高めようと行っている工夫なのであろう。

　では，観客の前でもあがらないようにするにはどうすればよいのか。今までの話に沿っていえば少なくとも 2 つの方法があることが分かる。

　1 つは，覚醒水準があまり上がらないようにする方法である。先ほど，他者が存在するのを知ることで覚醒水準が上がると述べた。他者とは自ら動き出して，自分に対しても何か働きかけてくるかもしれない主体的な存在である。主体的な存在によって覚醒水準は上がる。逆に言えば，勝手に働きかけてこないような非主体的な存在であれば覚醒水準は上がりにくい。「観客をカボチャだと思う」という方法が言い伝えられるのは，主体的ではないモノだと思うようにするということである。

　もう 1 つは，覚醒水準自体は上がってしまってもよいから，逆に，その作

業の最適な覚醒水準の方を上げるという方法である。**シュミットら**（Schmitt, Gilovich, Goore, & Joseph, 1986）の実験では，複雑な文字列をキーボードから入力するという不慣れな作業は，他者の存在によって「あがって」しまい効率が下がったが，自分の名前をキーボードから入力するという慣れた作業は他者の存在によってむしろ効率が上がっていた。つまり，慣れている作業は最適な覚醒水準が高いために，他者が存在して少し緊張するくらいの方がちょうど良いのである。そうなるためには，同じ作業を繰り返して慣れておくことが一番であり，結局は十分に練習を積んでおくということに尽きるのである（図3）。

パーソナルスペース

さて，島での生活のたとえ話に戻ろう。無人島だと思っていた島に他にも生活している人がいることを知った後，今までの所から移り住み，近くで生活するようになると思われるが，どの程度接近して生活するのかは，**パーソナルスペース**（personal space）に関係して決まってくるところがある。パーソナルスペースとは自分の体の周りにあるなわばりのように感じる空間領域のことであり，自分が移動すればその空間も一緒に移動する。たとえるなら，体が大きなシャボン玉に包まれているような感じであろうか。そのシャボン玉の中ではひとりでいるのが平常であり，他者が侵入してくると落ち着かなくなる，そのような範囲である。川の向こう岸なら人が居ても構わないが，一緒にテントの中に入るとなれば，パーソナルスペースの中に入ってくることになる。

パーソナルスペースの大きさは個人によって異なり，一般に男性は大きく女

図4　パーソナルスペース

性は小さい。したがって，男性は友人同士で会話する時もあまり近づかないのに対して，女性同士は距離が近くても平気である。また，パーソナルスペースの大きさはいつも同じというわけではない。知らない人に対しては大きくなるので距離を保つ必要があるが，親しい人に対しては小さくなるので近づかれても大丈夫というように相手との関係によって変化する。さらに，リラックスするのを目的とした広々とした場所では大きくなるなど，状況によっても柔軟に変動する特徴をもっている。

ところで，不安傾向の高い人のパーソナルスペースは不安傾向の低い人より小さいという研究もあるが，逆に大きいという研究もあり一概に言えないようである。不安になりやすい人は他者の近くにいたがる，というのももちろん分かるが，不安になりやすい人だからこそ他者を怖がって近づかない，というのも分からないではない。近くで一緒に生活すれば孤独は紛れるが，余計な気を使うことにもなるということであろう。まさに，ショーペンハウアーの随筆にでてくるヤマアラシのように，寒さをしのごうと身を寄せ合えば互いのトゲで傷つけ合うというジレンマである（**ヤマアラシのジレンマ**：porcupine dilemma）。仕方なく，ちょうど良いくらいの距離を模索することになるのである。

他者が近くにいることに違和感を持つか否かは，単なる距離だけではなく自分と他者の「目」，すなわち視線も大きく関係してくる。暗闇でのパーソナルスペースは上から見ると円の形に近いが，明るいところでは卵形になり，前方に伸びる（図4）。これはパーソナルスペースが視覚に依存しているせいである。

 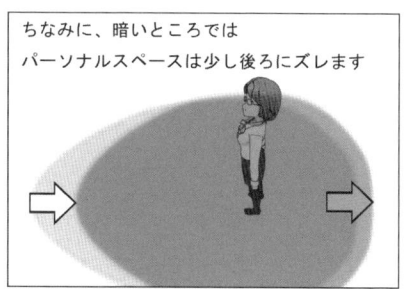

明るいところでは前がよく見え，見えるところに他者が入ってくるからこそ気になるのである。

満員電車の中で身動きができなくなった時に，知らない人の顔と正面に向き合ってしまったらどうなるだろうか。持っている本や新聞を自分の顔と相手の顔の間にたてて，読みたくなくても読んでいるふりをしたり，それが無理な場合は車内の吊り広告など興味が無くても見続けたりすることはないだろうか。混んでいるエレベータに乗っている時には，沈黙したまま「今，何階か」のランプを全員が固唾をのんで凝視していることもある。「目」がそれほどに威力をもつのである。生活の場においても，「目が届かない」ほどではないとしても，「目につかない」程度には離れていて，頼りないところには「目をかけて」もらうが，欠点があったら「目をつぶって」もらえるような距離がほどほどなのだろうか。

■ 2-2 他者への気持ち

「なんでこれが好き？」「なんであの人が嫌い？」などとたずねられたら，多くの場合，何かしら理由を答えることができる。モノや人に対する好き嫌いにはちゃんとした理由があると思うのが普通であろう。しかし時には，理由がはっきりしなくても少し好きになったり，少し嫌いになったりすることもある。

図5　単純接触効果

単純接触効果

　無人島ではなくなって，他の人たちの近くで生活するようになっても，すぐにみんなと親しくなるわけではないだろう。しかし，誰がどんな長所や短所をもっているか分からないうちから，例えば，水くみ場や漁場などでよく顔を見かける人は覚えてしまい，何となく親しみを感じるようになるはずである。

　例えば，**ザイアンス**（Zajonc, 1968）が行った顔写真を使った実験では，より多く見た写真の顔を好きになり，また，意味の分からない記号などを使って実験した場合も同様に，他の記号よりも多く見た記号を好きになるのである。しかも，見せた後に覚えている必要も無いのである。見た本人がそれを多く見たことに気づいていなくても効き目があるというところが，またすごい。むしろ気づかないことが重要だとされている（図5）。

　これは**単純接触効果**（mere exposure effect）とよばれており，何度も接することによって，その対象を認識する処理が容易に，スムーズにできるようになることが好意のもとになっていると考えられている。テレビのコマーシャルで何度も見る商品のパッケージや，選挙カーから連呼される候補者名など，その時には覚えていなくても良いのである。知らないうちに好意をもち，その後に店頭や投票の場で効果を発揮するのである。

　好きな人ができたら，告白するまでの間にライバルより少し多めにその人の前を横切れば良いことになる。また，仕事でお客様から契約をもらう前には，ライバルよりもできるだけ頻繁に顔を出しておくことが効果的であろう。

　ただし，これまでの実験によれば，単純接触効果によって好まれるのは事

前の評価が良くも悪くもなく，他の選択肢の評価と大差ない場合である。したがって，相手からはっきりと嫌われるようなところを自分がもっているのであればこの限りでないし，ライバルが断然優れた何かをもっているのであれば，ライバルよりも多く姿を見られたという程度の効果はほとんど期待できないものになってしまうであろう。つまり，単純接触効果とは，単に表面的に接触しただけの情報しか得られず，それ以上に深い交流が無い場合にだけ，多く接触した方を少し好む傾向があるという限定的な効果と言えよう。

錯誤帰属

　他にも「間違って好きになってしまう」メカニズムは研究されている。これも先ほどの単純接触効果と同じように，「内容に大差が無ければ」という条件つきではあるが，モノに対しても人に対しても効果のある仕組みである。

　例えば，「海外旅行中におしゃれなお店で食べた時から○○が大好物になってしまった」，「受験の時に使ったシャープペンは合格してからも宝物のように大事に使っている」。このような例はそれほど珍しいことではないだろう。どちらの例も，その場は少し興奮した状態にあり，どちらかといえば良い出来事が伴っている。それとは逆に，あまり好きではない相手に叱られながらの食事や，受験して不合格であった時に使ったシャープペンと比べてみれば容易に想像がつくであろう。その時に食べたものやシャープペンはあまり好きにはなれないはずである。

　たとえ中身は同一のモノであっても，肯定的な情動が高まった時にそれを評

図 6　錯誤帰属

価すれば，そのモノが実際には情動の高まりとは無関係であっても，そのモノへの評価に混ざり込んでしまい，少し好きになってしまうのである。これは**錯誤帰属**（misattribution）とよばれる仕組みであり，「なぜこんな気持ちになったのか」という原因の特定をミスして，「こんなに興奮しているということは，私はこれが好きなのだ」と思ってしまうのである。

錯誤帰属はもちろん人に対しても起きる。**ダットン**と**アロン**が行ったつり橋を使った実験（Dutton & Aron, 1974）がある。かなり高く，揺れやすいつり橋なので，そこを渡った男性の実験参加者はある程度覚醒水準が高まってドキドキしてしまう。その時に女性に会うと，女性の電話番号を書いたメモを受け取った後，実際に電話をしてくる割合が多かったのである。他にも，ランニングをさせることで覚醒水準を高めて同様の実験を行った例もある（図6）。

このような実験を参考にすると，気に入られたい相手の覚醒水準が高い時に出会えば好かれるかもしれない，などと期待に胸ふくらむことであろう。一緒に遊園地に行って絶叫マシーンに乗ったり，映画館でドキドキ，ワクワクするような映画を観たりすることで，錯誤帰属が生じて好意が高まる場合も少しはあるだろう。しかしそれは最初のきっかけでしかない。もっと重要なのは，関係が始まった後に，さまざまな喜びや苦労をともに経験することが思い出として蓄積され，愛情が深まっていく効果が大きいのではないだろうか。

3 人の行動から影響を受ける

「ワタシは人に左右されない！」と思っている人にはショックなことかもしれないが，実は誰もが人に左右されており，しかも，知らず知らずのうちにかなりの程度で左右されている。「つい，人につられて」自分の行動が影響を受ける場合や，「人の行動を参考にして」自分の行動が影響を受ける場合がある。

■ 3-1 人につられて行動が変化する

第2章では，「ただそこに居るだけ」の他者がどのような意味をもつかを紹介したが，他者がただそこに居るだけでなく，何か行動をしていたり，どのような気持ちでいるかが分かったりする場合，自分の行動や気持ちがそれと同じ方向に変化することがある。しかも，そのように人につられてしまうことにあまり気づかず，まさに「自然に」そうなることがある。

主体性

生き物が自分から動き出し，目標となる状態となるよう環境に関わっていく時，そこに**主体性**（subjectivity）があると感じる。例えば，おなかが空いていて狩りをしようとする人が走って動物を追いかけることは主体性のなせる業である。走るという行動だけでなく，獲物を探そうとして動物の足跡を見つけ出したり，鳴き声を聞き分けたりもする。つまり，獲物を捕らえるという目標に近づくために，目で見たり，耳で聞いたりするという認知も，主体性がもたらしている一部なのである。また，「今，獲物へと走り出すべきか」「もう少し近寄ってから走り出すべきか」などの判断も主体性がもたらす行為の一部である。さらに，目標に近づけば快い情動を伴って行動が勢いづき，目標達成が妨

げられると不快な情動を伴って新たな行動を発動させることもある。したがって，主体性は，目標に向かって一連の認知，判断，情動，行動を仕立てて方向づけているといえる。

「主体性」というと，すべて自分ひとりで生み出しているように思うかもしれないが，そんなことはない。無人島でひとりで暮らす場合と，他者と一緒に暮らす場合とではずいぶんと主体性の内容が変わるのである。「ワタシは人に左右されない！」と思っている人の誤解を解くには，まずこのことを説明する必要があるだろう。そして，人に左右されるのは，以下に紹介するように，主体性が方向づけているはずの，環境に関わる際の認知や判断，情動，行動のすべてである。

情動伝染と共行動効果

例えばあなたが赤ちゃんだった頃，隣りの赤ちゃんが泣き出せば自然と自分も泣き出したことがあるはずである。また，あなたが子供の頃，家族がみんなで笑っていたら，意味が分からなくても何だかおかしくなって自分も笑い出したことがあっただろう。これは，**情動伝染**（emotional contagion）とよばれる。まわりが泣けば自分も悲しく，まわりが笑えば自分も楽しいというように，同じ情動の方向へと伝染するのである。

「それは子供の頃の話」と思うかもしれないが，そうではない。テレビでお笑い番組を観ていると，うまい「ボケ」が入った時に観客の笑い声も流れてくる。漫才だけを聞いているのに比べると，観客の笑い声を聞きながらの方が一層おかしく感じられるという効果があり，それは子供に限ったことではないのである。

また，情動に限らず，さまざまな行動が人につられてしまう。例えば，自分より少し速い人と一緒にマラソンすると良いタイムが出たり，よく食べる人と一緒に食事すると食べ過ぎてしまう場合などである。これは**共行動効果**（co-action effect）とよばれる。他者の行動と同じ方向に自分の行動が変化するのである。同じ行動をする過程で生じる共行動効果と，第2章で紹介したような，単に他者の存在によって生じる観客効果とを合わせて**社会的促進**（social facilitation）とよぶ。いずれも，とにかく他者によって作業が促進されること

である．ちなみに，他者の存在によって作業量が低下する場合は**社会的抑制**（social inhibition）である．これには，第2章で紹介した「あがり」や，作業量の低い人と一緒に作業した場合の共行動効果が含まれる．さらに社会的抑制には，他者の作業量が多い場合にも生じることがあるが，その現象については第6章で紹介する予定である．

■ 3-2　人の行動を頼りにする

　人に左右されるといっても，ただ自然につられてしまうような場合だけではない．人の行動を参考にすることで効率よく適応することができ，自信がもてるようになるために左右されることもある．

モデリング
　見たこともない方法で獲物を捕っている人がいて，そっと陰に隠れてそれを見ていたら，面白いように獲物が捕れていく．その人が去った後，もちろん自分も同じやり方で試してみるだろう．他にも，合格した先輩の勉強法を真似る，友達が先生に叱られていたら自分は同じことはしないなど，ありそうなことである．このように，自分が行動する前に見ていた他者の行動とその結果を**モデリング**（modeling）して自分の行動を変化させることがある．環境に適応する際に効率的な学習を助ける仕組みである．第1章で，「良い結果が起こった行動の頻度は増加し，悪い結果が起こった行動の頻度は減少する」という学習について紹介したが，自分以外の他者が体験した結果から得られた物理的実在性を源泉として影響を受けるというわけである．

　ヒトは他の動物に比べると，本能で制御されている部分の割合が少なく，それは環境に柔軟に適応するためであると考えられている．したがって，行動したことによる成功や失敗の体験が学習の上でとても重要となるが，他者の経験をも利用することで，学習の効率は飛躍的に上がる．例えばフグの毒の危険性などは，それを食べたら死んでしまうのでひとりで学習してその後にいかす，ということが難しいが，モデリングの仕組みで学習すれば，それは後の行動の中でいかされることになる（図7）．

しかし，モデリングすべきかどうかを適切に判断するためには，自分と環境との関係を客観的にとらえる必要がある．他者との違いをふまえずに何でもかんでもモデリングしてしまうと，例えば，背の高い大人が鴨居に頭をぶつけた後，小さな子供まで頭を低くして鴨居を通る，ということも起こることになる．

同　調

はやりの服や髪型，しゃべり方や遊びなど，「なんでこんなものがはやるんだろう」と不思議に思ったり，ばからしいと感じたりしたことはないだろうか．「なぜこれがお洒落なのか？」などと考えても答えはない．それは，「これがお洒落だ！」などと言われる流行のほとんどの部分が，「みんながそう言うから」という理由から成り立っているためである．しかし，納得できるような理由が無いとしても，確かに「お洒落だな」と感じる流行は生まれ，多くの人がその流れに乗ってより大きな流行へと育っていく場合がある．

このような，客観的な基準などがほとんどない場合に，「みんながそう言うので私もそう思えてくる」という現象について検討した**シェリフ**（Sherif, 1936）の実験がある（図8）．まず実験参加者には完全な暗闇の部屋に入ってもらう．そこで静止した小さな光点を見続けてもらうのだが，光点は静止しているにもかかわらず不規則に動き出すように感じられるのである．これは**自動運動現象**（autokinetic movement）とよばれている．実験参加者は，光点の揺れ幅がどのくらいだと感じたか口頭で回答するのであるが，その値は個人によってもともと差がありバラバラである．しかし数人で同じ光点を見た後にそれぞれ揺れ

図7　モデリング

幅を回答していくと，徐々に値は近づいていき，ついにはほとんど同じような値となっていくのである。これは**同調**（conformity）とよばれる現象である。

他にも，数十個の点が散りばめてあるシートを一瞬だけ見せて，その点の数を数えさせたり，ビンの中にある豆を数えさせるなどのやり方もある。われわれは今までの生活の中で，「見た目がこのくらいだと実際には何個くらい」という対応関係を繰り返し体験しているために，数が少なければある程度の推定は誰にでもできるものであるが，実験で用いる問題ではあまりに数が多過ぎて，自動運動現象を用いた実験と同様に正解の確信をもつことは到底できない。つまり，ひとりでは妥当性を実感できないのである。

特にこのような場合には人に左右されやすくなる。客観的に確かめて確信を得ることができないため，他者と同じような認知や判断をすることが，「私の認知や判断はこれでいいんだ」という妥当性をもたらすのである。これは，**社会的実在性**（social reality）に基づいて妥当性を得る場合である。

これらの実験で再現しているような状況はそれほど特殊なものではなく，日常生活の中では実はありふれている。先ほどの例のように，「お洒落をしたい」という時にも，社会的実在性を得ようとして同調しているのである。他にも，「大学の授業のテスト前はどれくらい勉強しておけば良いのか」，「どのくらい貯金をしておけば将来困らないか」など，客観的に確かめにくい時には，「友達とだいたい同じくらいの勉強量」，「平均的な貯金額」などが，「私はこれでいいんだ」という妥当性の感覚をもたらしてくれるというわけである。

自分で何かを判断して決めるということは，その結果がどうなるかによって

妥当性が決まってくるが，それは未来のことであるため，判断する段階では十分な確信をもてるはずが無いのである。したがって，自分が環境をどのように認知し，行動するか，という自己の主体性は，同じ環境におかれている他者の主体性を参考にして，つまり「人に左右されながら」，ものの見方や行動を方向づけているのである。このような影響を**ドイチュとジェラード**（Deutsch & Gerard, 1955）は**情報的影響**（informational social influence）とよんだ。自動運動現象を用いて光点の揺れ幅を回答させたシェリフの実験で回答に影響を与えていたのも同じ影響である。正答が分からない場合に生じやすいのは，他者に同調することで社会的実在性に基づく妥当性が得られるためである。

また，このような仕組みが，学風や社風，地域性や文化などを形成する過程で影響を及ぼしているはずである。

内面化

自分の「ものの見方」や「行動」が人に左右される影響は一時的なものではなく，影響の元となった他者がいなくなりひとりになってからもすぐには無くならない。例えば，関東と関西では，料理の味付けから洋服選びのセンスまで細かくいろいろと異なるところがあるが，引っ越しをしたからといって，すぐにその感覚や行動が変わるわけでない。また，若者とあまり交流しない大人は，自分が若かった頃のおしゃれのセンスをいつまでももち続けるものである。

先述したシェリフの自動運動現象を用いた実験では，最初に他者と同席して振れ幅を回答した後に，ひとりになってからも実験を続ける。最初に他者の回

図8　他者と同席した際の同調

答した揺れ幅に同調した後には，ひとりで回答するようになってからも，その値がほぼ維持されたのである。つまり「ものの見え方」が自分の中に**内面化**（internalization）して，ひとりになってからもみんなが見ていた光点の揺れる様子と同じように見え続けていたのである。

実生活の中で人に左右される過程を調査したものもある。学校の友人の価値観に一度染まった後，卒業してからもそれが内面化して維持されていたというものである。**ニューカム**ら（Newcomb, Koenig, Flacks, & Warwick, 1967）は，保守的な政治的意見の学生を対象にして，その学生たちが，政治的意見がまったく異なる自由主義的な校風の大学に入学した後の変化を調査した。政策の効果が実際の社会に現れるのは未来のことであり，別の政策が選ばれていた場合の結果とは比べることができないため，どのような政治的意見が妥当であるかを判断することは困難であり，政治的意見の妥当性は社会的実在性に頼ることも多い。

調査の結果，1年次には62％の学生が保守的な政治的意見をもっていたのが2年次には43％，3，4年次には15％と減り，自由主義的な校風へと同調していったことが分かる。さらに，その25年後に同じ対象者を追跡調査したところ，多くの者に自由主義的な政治的意見が維持されていたことも明らかとなった。

他の例をあげれば，留学して帰国後にもしばらくは滞在国の文化がしみこんでしまっていることや，転職後も前の会社の慣習にとらわれてしまうなどのことが考えられる。

第1章の冒頭で，「無人島に行く場合にも，実際には心の中に社会を引きずっ

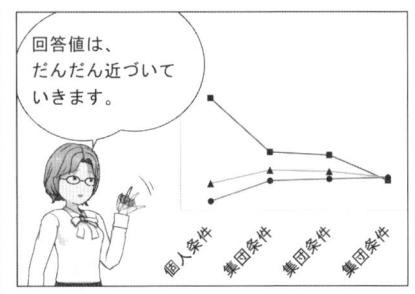

たまま行くことになる」と述べたのは以上のような影響のことである。例えば，日本では虹は7色として見るが，5色として見る国もあるという。無人島にひとりで生活するようになってからも，日本で育った人の場合には虹は7色に，育った国によっては5色に見えることもあるだろう。

■ 3-3 他者と同じことをする時の葛藤

　モデリングは学習を効率よく進めるのに一役かっているといえるし，未来を予知できないわれわれにとっては，他者にならって社会的実在性を得ることも十分に意味のあることだといえよう。では次のような場合はどうであろうか。「人に左右されるのはやっぱりいやだ！」と思いたくなるような場合もあることに気づかされる。

　例えば，自分で何度か食べに行ってみたがあまり美味しくなかったお店について，友人達から「あそこのお店は美味しいよねー」と同意を求められ，思わず「そうだね」と答えてしまう時，または，天気予報で雨が降ると聞いていたのに，みんなの「大丈夫，大丈夫！」という言葉に押されて出かけ，やっぱり降られてしまった時。このような時，他者からのなにやら見えない圧力のようなものを感じて，葛藤しながらもついつい流されてしまったことに後悔したりする。

　このような他者からの影響を実験によって検討したのはアッシュ（Asch, 1951）である。実験では，図を用いた簡単な問題を実験参加者の前に示し，そ

図9　規範的影響によって生じる追従

れについて解答を求めている（図9）。実験参加者がひとりずつ解答した場合には，ほとんど間違えることがないような非常に簡単な問題であった。しかし，この問題をわざと間違えて解答するよう実験者から密かに依頼されていた実験協力者，いわゆる「サクラ」が数人おり，そこに混ざって実験参加者がひとりだけ知らずに同席した場合にはどうなるであろうか。これはまさに，上の例であげたような葛藤をもたらす状況となる。間違えるはずがないほどの簡単な問題に，結局，実験参加者の多くはサクラたちに合わせて間違った解答をしてしまうのである。

　この場面では，自分の判断に対する自信が揺らいでしまうという情報的影響も受けているかもしれないが，それ以上に，みんなの期待に応える圧力を感じ，孤立しないようにみんなと同じ振る舞いをしているのである。このような影響を**ドイチュとジェラード**（Deutsch & Gerard, 1955）は，**規範的影響**（normative social influence）とよんだ。自分ではある程度正解だと自信のもてる判断が別にあるにもかかわらず，この影響によって他者の判断に表面的に従ってしまうのである。これは日常でもよく体験していることではないだろうか。このような場合には**追従**（compliance）が生じることになる。追従した場合には，自分の本当の判断や意見が別にあるので，他者の目が無くなればすぐに影響が無くなってしまう。恐れているのは他者からの見えない圧力なのである。

　では，このような不要にも思える「人に左右される」影響過程はなぜ存在するのであろうか。そして，これは逃れるべき悪しき影響なのであろうか。

人にとって他者は，物理的な環境での経験者として知識を提供してくれる存在である。例えば，前を歩いている人が穴に落ちたのに気づけば自分は落ちずにすむ。つまり，先輩，年長者に学ぶべき知識が多いということは納得しやすい。しかしそれだけでなく，この世界の知識そのものが，誰とどのように世界に働きかけるかで変わるのである。例えば，目の前にとても持ち上がるとは思えない大きな岩があったとしても，他者が「きっと持ち上がるよ」という意見をもっていた時，みんなと一緒にその気になって持ち上げることで，「持ち上がる」という意見は現実になることもある。また，江戸時代に「人は生まれながらに平等である」という意見は最初は異端であったかもしれないが，追従する者が増えた後，身分制度は次第に解体していき，それは現実となった。

世界をどう見るか，という知識は必ずしも固定的なものではなく，他者とともに働きかけることでそれ自体が変化する。それゆえに，一緒に課題に関わる他者の社会的実在性は大きな意味をもっているのである。

■ 3-4　いつ，誰に左右されやすいのか

いつもより人に左右されやすい時がある。また，左右されやすい他者の特徴もある。果たして，どんな時，どのような他者に左右されやすいのであろう。

不安や恐怖がある時

「人の真似をしたい」と思いながら人に接近することはあまりないかもしれ

図10　怖い時に高まる親和動機

ないが,「何となく怖いので誰かと一緒にいたい」という気持ちになって人に接近することはよくあることではないだろうか。他者の近くにいて仲良くしたいという**親和動機**（affiliation motive）が高まる条件の1つに,「不安な気持ちを解消したい」というものがあるからである。

不安な時に人と一緒にいたくなることについて,**シャクター**（Schachter, 1959）は実験参加者を怖がらせるための操作を伴った以下のような実験を行った（図10）。「今から,かなりの痛みを伴う電気ショックを体験してもらいます」と実験参加者に伝えた場合と,「電気ショックはくすぐったい程度です」と伝えた場合とで,実験までの待ち時間の間に他者と一緒にいたいと希望するかどうかを測定したのである。その結果,かなりの痛みを伴うと伝えて強く怖がらせた条件の方が,他者と一緒に待っていたいと希望する人が多かった。何かに怖がっている時には親和動機が高まるといえそうである。

では,なぜそのような時に他者と一緒にいたいのだろうか。もし,他者と一緒にいることで,ただ気を紛らそうとしたのであれば,一緒に待つ相手は誰でも良いはずである。しかし,自分が怖がっているという情動が妥当であるかを他者と比較したいのであれば,同じ状況に置かれた他者と一緒に待ちたいと思うはずである。それを確かめる実験を続いて行った結果,別の用事で待っている他者とではなく,やはり,同じ実験への参加を待っている他者と一緒に待ちたいと希望する者が多かったのである。

もちろん,他者の存在そのものによってある程度は不安が解消されることもある。つまり「誰かがそばにいるだけで何となく心強い」という効果もあるが,

他者との比較によって自分が妥当であるかを確認するという，社会的実在性の拠り所を求めるための親和行動を見逃すことはできない。大学に入学したばかりの新入生の頃は，授業が始まる頃になると，友人と一緒に登校したり待ち合わせてから教室に入ることも多いものである。同じ立場の友人との比較が重要になってくるのであろう。

権威のある他者から

権威のある人に左右される程度は非常に強い。

ミルグラム（Milgram, 1974）の行った実験は，大学の研究者のような権威のある人から頼まれごとをされたら，たとえそれがかなり「ひどい」内容だとしても，それにしたがってしまうことを明らかにした（図11）。実験に参加する人は，隣の部屋にいる学習者が答えを間違えるたびに罰として電気ショックを加えるよう依頼される。実際には，権威のある人から指示された場合に，どの程度の強い電気ショックを他人に与えてしまうかを検討する実験であり，実験参加者は電気ショックを与えると信じているが，学習者は痛がる演技をするだけで，本当に電気ショックを受けるわけではない。

電気発生器には15ボルトから450ボルトまでの30段階に分かれたスイッチがあり，学習者が誤答するたびに一段階ずつ強い電撃を加えるよう指示される。電撃を加えた際に隣の部屋から聞こえてくる学習者からの抗議や悲鳴は電撃の程度とともに高まっていき，実験参加者が「電撃を加えるのはもう止めたい」と中止を求めた場合にも，実験者からは続けるよううながされる。

図11 権威を持つ人からの影響

実験を行ってみると，別室にいる学習者の姿が見えず声も聞こえない条件においては 40 名の実験参加者のすべてが 300 ボルト以上まで電撃を続け，26 名が最高レベルの 450 ボルトまで続けた。また，学習者が同じ部屋にいて姿も声も聞こえる条件ですら，最高レベルの電撃まで加えた者は 40 名中 16 名もいたのである。権威のある人に左右される程度が非常に強いことが分かる。

　興味深いことは，もし自分がこれと同じ実験に参加したらどうするかを，別の対象者に予測させたところ，すべての者が 300 ボルトの電撃レベルまで達することなく中止すると予測しており，また，自分以外の実験参加者がどこまで実験者に服従するかを予測させた場合にも，ほとんどは 150 ボルトまでに中止し，最後の電撃レベルまでいくのは，千人に一人くらいと予想されていたことである。

　ちなみに，現在では研究を行う際の倫理的な基準が作られており，この実験のように，参加者に大きな精神的負担を強いる実験を行うことは禁止されているが，権威のある人からの影響は別の実験方法によって検討されている。例えば，警備員の制服を着ている人からの頼まれごとには応えてしまいやすいという実験（Bickman, 1974）や，しっかりとしたスーツを着た人が赤信号の歩道を渡ってしまうと，他の人もそれについて渡ってしまいやすいという実験（Lefkowitz, Blake, & Mouton, 1955）である。やはり，権威のある人の言動は「妥当である」と思いやすいのである。

　人々を良い方向へ引っ張っていく時にも，客観的な理由や根拠を示して全員にすべてを納得させてからリードすることはなかなか難しい。その意味では，

権威をもつ人に従う仕組みは，みんなで1つの方向に動くために不可欠である。しかし，結果的には悪用される場合もあり，「パワハラ（パワーハラスメント）」とよばれるような権威の使われ方も残念ながらある。

多数の他者から

　ひとりの他者に左右されることももちろんあるが，多数の他者からの影響はやはりインパクトが大きいものである。先述したアッシュの実験では，ひとりのサクラが簡単な問題にわざと誤答をしたとしても，それに同調して誤答することは少ないが，サクラが3, 4人になると同調する回答数は途端にはね上がる。みんなが言うのであれば，ついそれに従ってしまうものなのである。

　また，ミルグラムら（Milgram, Bickman, & Berkowitz, 1969）は，ニューヨークの街中で，つい，「多数の他者につられて」しまうことについて実験した（図12）。サクラが道ばたで，あるビルの6階の窓をじっと見上げている場合に，それにつられて一緒にビルを見上げる通行人の割合を測定したところ，サクラがひとりの場合には，ビルを見上げる通行人は4割程度であったが，サクラが5人になると，ビルを見上げる通行人は8割程度に倍増したのである。

　少人数のものの見方や行動があまり重視されないのは，その判断や意見，行動が，少数派だけの特殊な事情や立場によるものかもしれないため，あくまで例外であり，自分に当てはめる必要はないと考えるから，という理由もあるだろう。しかしそれだけでなく，多数の他者を重視して，それに同調するという傾向は，多数で環境に関わることが環境に対して大きなインパクトをもつから，

図12　多数の他者からの影響

とも考えることができるだろう。みんなで一緒に仕事をする場合には特に，多数派の意見は現実に影響を与えやすいのである。

それとは逆に，自分の意見が少数派であることを知ると，孤立することを恐れ，大きな声でそれを主張することがはばかられるものである。それが社会全体で行われた場合には，少数派の意見表明が減るとともに，それに同調する者はますます減り，多数派との人数比が大きくなってくる。このように少数派の世論が劣勢となっていく過程は**ノエル＝ノイマン**（Noelle-Neumann, 1993）によって**沈黙の螺旋**（spiral of silence）とよばれている。

一方で，多数の他者の影響は大きいとはいえ，少数派の意見がそれを覆すこともある。映画『12人の怒れる男』（1957）や『12人の優しい日本人』（1991）では，陪審員たちが議論する中で，少数派であった意見が多数派へとみごとに変わっていく様子が描かれている。また**モスコビッチ**（Moscovici, Lage, & Naffrechoux, 1969）は，少数派であっても，一貫して意見を主張し続けることによって影響力が増すことについて実験した。6人グループの内の2人が，スクリーンに映った青いスライドの色を一貫して「緑」であると回答する。すると，「青」であると回答していた多数派も，次第に「緑」と回答することが増えていくのである。

4 特定の関係になっていく

　本書では，まず，無人島に降り立ったところから話を始め，第1章では自然環境の中でひとりで適応していく様子を説明した。第2章からは他者が現れ，単なる他者の存在から受ける影響を紹介し，第3章では，他者に左右されながら環境に関わる過程を紹介した。そこまでの他者とは，「特定の誰か」ではなかった。誰でも同じであり，それが別の人であってもかまわなかったのである。

　それに対してこの第4章は，特定の他者と関係をもとうと接近していく過程である。「この人じゃなくちゃ，やだ」とか，「この人じゃ，やだ」というようになってくる。

■ 4-1　相手を知る

　友人が思っているAさんの印象が，自分が思っているAさんの印象とまったく違っているということがある。また，「違う時にこの人と出会ってたら，もっといい人だと感じるだろうな」と思う時もある。つまり，人の印象は，純粋に「その人そのもの」から作り出されるというよりも，自分がその人とどのように関わろうとするかで変わるのである。

印象形成

　「…初めて彼を見かけたんですが，優しい色の服を着て和やかに話してました。育ちの良さそうな顔立ちで，話し方も出しゃばらない感じです。私とすれ違う時に控えめに会釈して…」このように，ちょっと人を見かけただけでも非常に多くの情報が手に入る。顔立ちや服装，声や立ち居振る舞いはもちろん，会話をすればその受け答えから感じられるものは多いし，行動を共にすればま

すます得られる情報は増える。他者の印象はこのようなさまざまな情報を手がかりとして形成されるが，一方で，その人との付き合いも長く，多くのことを知っていても，「一言で表すと，○○な人」とまとめてしまうこともできる。つまりわれわれは，できるだけ認知的には無理をしないで済むように，簡便で単純な情報処理を行う，いわば**認知的な倹約家**（cognitive miser）としての傾向ももっている。多くの情報を入手できても，そのすべてを丸暗記するように印象を形成するわけではないのである。

　初対面の他者であれば，その相手と何をするつもりかによっても異なるが，極端に言えば，有効な情報を重視して，相手に積極的に接近するか回避するかを決めているところがある。

　まず，外見から内面を推測してしまうことは日常的に行われていることである。林ら（林・津村・大橋, 1977）は，顔写真を見てどのような性格だと思うかを回答させたところ，例えば，ほっそりして目鼻立ちの整った顔であることは社会的に望ましい性格であり，口が小さくて下がり目な顔であることは非活動的な性格である，などの推測がなされていた。ここで注意していただきたいのは，外見で性格などの内面が分かるということではない。たとえ本当ではないとしても，「外見から内面を推測してしまう」ということである。服装でも，「かっちりとした黒いスーツ」と「淡い色の柔らかい素材の服」とでは与える印象は大きく変わる。それを利用して，われわれは日常でも，相手に与えたい印象によって服装や化粧などを選んでいるところがある。

　では，相手の性格の手がかりをいくつか知った時，そこからどのように印象

図13　印象形成における初頭効果

がつくられるのか。また,「第一印象が大事」と言われるのは本当だろうか。

アッシュ（Asch, 1946）は，以下のような実験を行った。ある人物の性格特性を,「知的な，勤勉な，衝動的な，批判的な，強情な，嫉妬深い」と，紹介した場合と,「嫉妬深い，強情な，批判的な，衝動的な，勤勉な，知的な」と，紹介した場合とを比較したのである。あなたはそれぞれのリストを見てどのように感じただろうか。おそらく，前者の方が肯定的な印象を与えやすいはずである。リストを見返せば，これらがまったく同じ情報から構成されており，違いは6つの項目の順序だけということに気づくだろう（図13）。

断片的な情報がただ足し算のように積み上げられるのであれば，どちらの順でも同じ印象が得られるはずである。しかし，受け取る側はその人物の全体像を形成しようとしているため，始めに得られる情報は人物の全体像の形成に強く影響する。これは**初頭効果**（primacy effect）とよばれるものであり，肯定的な意味をもつ「知的な，勤勉な」から紹介することで，人物の全体像が肯定的に形成され始め，後半で紹介される「強情な，嫉妬深い」という特性も，例えば「自分らしいポリシーを貫くため」などのように肯定的に解釈されうるのである。逆に,「嫉妬深い，強情な」から紹介した場合には，後半の「勤勉な，知的な」という特性も，例えば「仕返しがしつこくて，巧みに人を騙しそう」などのように否定的に解釈されうるのである。「第一印象が大事」と言われる所以はここにある。

他者をみるときに，もしもまったく何の目的もないとすれば，その他者の印象を形成することは難しいはずである。「友達ならいいけど，結婚するには

ちょっと…」と思うこともあるように，目的に合わせて印象を形成し，その他者に好き嫌い，良い悪いなどと評価し，積極的に関わるか，それとも回避するかという態度を決定するのである。さらに，面接試験によって採用や不採用を決める時と同じように，他者との関わりで自分が何か行動しなければならない場合には，自分はその人にどう対処すべきか，という答えを，必ず1つにまとめなければ動けないのである。そのために印象は1つのまとまりをもってくる。

　人物の望ましさの印象に関して言えば，望ましい情報が増えると，それらが積み上げられていくところもある。例えば，ある人物が「ちょっとだけ頭が良く」「ちょっとだけ格好良く」「ちょっとだけスポーツができる」場合には，その人物の望ましさは少しずつ高まっていく。しかし，「スポーツが非常に得意」であることに加えて，「性格はまあまあ良い」という場合には，それらが積み上がって「極めて望ましい人物」という評価になるかといえば，そうではない。その特性は平均化されて，「割と望ましい人物」という程度になる。これは**アンダーソン**（Anderson, 1965）の**情報統合理論**（information integration theory）による考え方である。

　また，「かっこいい人は性格も良いはずだ」「心が広い人は経済的にも豊かに違いない」など，根拠がないにもかかわらず，ある望ましい特性をもった人が，別の望ましい特性ももっていると思いがちである。これは**ハロー効果**（または**光背効果，後光効果**：halo effect）という。これも，他者の全体像に対する評価や態度を形成していく過程で生じるといえる。

■ 4-2　気に入って，近づいていく

　自分の親友や恋人となる可能性をもつ人の数は，最初は無限に近い。その中からひとりを選び出す過程は実に不思議なメカニズムであるように感じる。場合によっては「赤い糸」で結ばれていたかのように感じる時さえある。実際には，仲良くなる相手をどのように選んでいるのだろうか。

美人はもてるのか
　「この人と仲良くなりたい」と思うきっかけはいろいろあるが，まず思いつく

のは他者の外見であろう。他者に接近して関わっていこうとする肯定的な態度は、「外見が美しいから」という理由から形成されることも少なくない。

　ではなぜ外見の美しい人を好むのだろうか。「求めているのは外見そのものではなく、本当は中身を求めているが、その手がかりとして外見を利用している」と主張する研究がある。**ディオン**ら（Dion, Berscheid, & Walster, 1972）によれば、実際にはそうであるとは限らないにもかかわらず「美しい人＝良い人」であると思い込んでしまうために、**身体的魅力**（physical attractiveness）の高い他者に好意をもちやすいという。しかし、本当は中身と関連がないのであれば、なぜ外見を手がかりとするようになったのか、その理由はなかなか難しい問題である。

　また、美人であることは、「健康な子孫を残す配偶者を選択する際の手がかりになる」と考える研究もある。つまり、不健康な場合の顔が平均や均衡からずれるため、それとは逆に、平均的で均衡のとれた顔に魅力を感じるようになるというのである（Grammer & Thornhill, 1994）。さらに、コンピュータで作成した平均顔を、男女とも少し女性的に加工した場合に最も魅力が高まった（Perrett, Lee, Penton-Voak, Rowland, Yoshikawa, Burt, Henzi, Castles, & Akamatsu, 1998）、という実験結果もある。

　このように考えると、「美人の基準」とよべるような、ある程度客観的で絶対的な基準が存在しているということになる。平均的な顔や、やや女性的な顔がすなわち「美しさ」であり、それは誰の目からもはっきりしていて共通だ、ということになる。

　誰から見ても美しい人が本当に人気があり、デートをしたいと思われやすいのか、大学生のパーティーイベントで確かめた研究がある。**ウォルスター**ら（Walster, Aronson, Abrahams, & Rottman, 1966）は、集まった大学生の異性同士をランダムに組み合わせたペアをつくり、それぞれの相手に対する好意やデートの希望などを回答させた。また、身体的魅力の程度は、複数の実験協力者によって事前に評定されていた。その結果、やはり身体的魅力の高い人は多くの人から好かれ、デートの希望も多かったのである。その傾向は男女とも大きな違いは無かった（図14）。つまり、みんなが認める美しい人は、やはりみんなから求められるということになる。

では，世の中は美人と美男子しか交際できないのか，というとそうではない。実際に交際している恋人たちを調査した場合には，互いに同程度の身体的魅力であることが多い。これは**釣り合い仮説**（または**マッチング仮説**：matching hypothesis）によって説明できる。身体的魅力の点で釣り合わないことは互いの不満足をもたらすうえに，身体的魅力の高い人との交際は同性からの嫉妬を受けやすいこともある。現実的には，自分にとってちょうどいいと思えるような美しさの相手が求められるのである。

近接性

あなたは自分の友人をどうやって選んだのだろうか。たくさんの友人候補者の中から，「性格が合うから」「趣味が一緒だったから」などの理由で友人を選んだと思っている人も多いであろう。

筆者が担当している，ある年の「心理学概論」の授業中に，「自分の学籍番号と，隣りに座っている友達の学籍番号との差の絶対値」を報告させ，その平均値を算出したことがある。もしランダムに座っている場合には，その平均は31.0になるはずの時，実際には計算の結果，平均は16.9であった。また，差の絶対値が1であった学生も少なくなかった。つまり，少なくとも大学の例では，学籍番号が近いことがきっかけとなって友人となり，授業で隣に座ることも多いようである。

大学の寮で行われた調査（Festinger, Schachter, & Back, 1950）でも，互いの部屋の距離が近いほど親しくなりやすかったことが報告されている。これは

図14 身体的魅力の高い人が好かれるか

近接性（proximity）とよばれる要因であり，近くにいることが，顔を合わせたり，会話をしたりというきっかけをもたらしやすく，会いに行ったり一緒に遊んだりするのも近くて容易なためであると考えられている。

しかし，部屋の間の距離だけでは親しさが決まらない場合もある。**渋谷**（1990）は，たとえ同じ距離だけ離れているとしても，その間にもう1つ別の部屋がある場合には親しくなりにくいと指摘している。例えば，10メートル間隔で部屋が並んでいる住居では隣の部屋とは10メートル離れているが，5メートル間隔で部屋が並んでいる時の2つ隣りの部屋も自分の部屋から10メートル離れている。物理的距離は同じであっても，後者の部屋の住人とは親しくなりにくい。つまり，自分との社会的な距離も，特定の関係になっていく際に重要なのである。

類似性から生じる魅力

「Aさんはあなたと考え方が似ています。Bさんはあなたと考え方が違います。あなたはどちらの人に魅力を感じますか？」と聞かれたら悩むことはないだろう，Aさんに魅力を感じるはずである。考え方が違う人とはケンカにもなりやすく仲良くなりにくいのが一般的である。本書をここまで読んできた読者には，社会的実在性という言葉も思い出されるであろう。自分と似ている考え方からは社会的実在性を得ることができ，そこで感じられる妥当性は**合意妥当性**（consensual validation）ともよばれる。そのような妥当性が得られるので，自分と似ている他者には安心でき，魅力を感じるとしても不思議はないだろう。

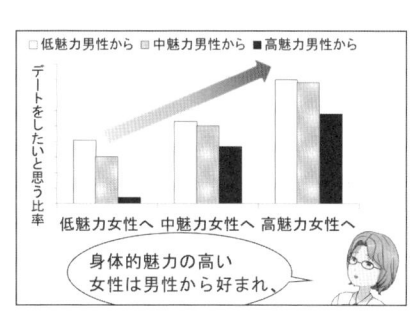

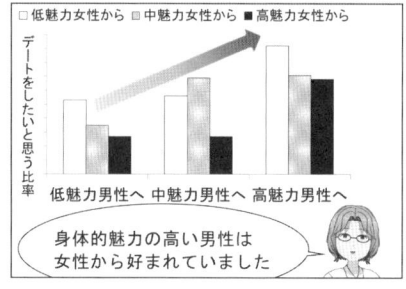

また，その他者と行動を共にする際にも，自分と似ている相手は理解しやすく行動が予測しやすいために適していると考えることもできる。

似ている人を好きになるかどうかを検討した実験としてはバーンとネルソン（Byrne & Nelson, 1965）の実験が有名である。この実験の手順は以下で紹介するとおり非常によく工夫されている（図15）。

まず，実験参加者には，いくつかの社会問題についての文章が記載されている用紙を配布し，それを読んでどの程度賛成，または反対であるかを回答してもらう。その後，「他者が回答した用紙」であると言って，実のところは本人の回答内容を参考にして作成した偽りの回答用紙を配布する。例えば，10項目の社会的問題について回答させた場合には，その内の5項目は本人の回答した内容をそのまま写し，残りの5項目は本人の回答した内容を反転させて写す。反転とは，本人が賛成であれば反対に，反対であれば賛成に，という具合である。この場合には，本人の回答と比べて「50％類似」ということになる。同様に，10項目のすべてを本人と同じにすれば「100％類似」であり，全項目を反転させれば「0％類似」である。

そのように作成された回答用紙を実験参加者は他者の回答だと思って目を通し，その他者に感じる魅力を回答するのである。その結果，魅力の程度は自分の回答と一致していた項目の比率で決まっていたのである。つまり，100％類似の他者に対しては高い魅力を感じ，50％類似の他者にはそれより低い魅力を感じ，0％類似の他者にはかなり低い魅力しか感じていなかったのである。やはり自分と考え方が似ている人に魅力を感じることがわかる。

図15　似ている人に魅力を感じる実験

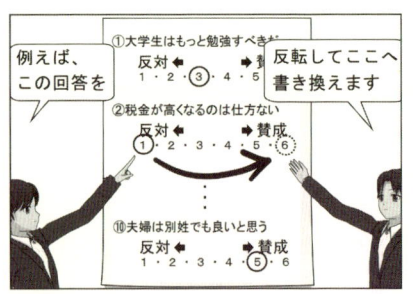

また，このような態度の類似性が魅力に与える影響は，正解を確かめることができる話題よりも，確かめられないような話題の方が大きい。例えば，「このお店で一番売れているのは，ラーメンかチャーハンか？」という問いよりも，「このお店のラーメンとチャーハンはどちらが自分好みの味か？」という問いについての意見が一致するかどうかの方が，互いの魅力に影響しやすいということである。

獲得－損失効果

自分をほめてくれる人や，自分と似ている人は，「あなたはそれでいいんだよ」という妥当性を与えてくれるので，そのような人を好きになりやすい。それでは，自分をたくさんほめてくれればほめてくれるだけ妥当性をたくさんくれることになるが，そういう人をものすごく好きになるだろうか。

アロンソンとリンダー（Aronson & Linder, 1965）の実験では，実験参加者は，ある人物と7回会って会話をする。その人物は実験者から協力を依頼されたサクラである。そこで会うたびに，その人物から自分への評価を聞くことになるが，その際，7回とも「話が上手，好感がもてる」などの良い評価を受ける場合と，7回とも「話が下手，ありきたりの人間」などと悪い評価を受ける場合，最初は良い評価で途中から悪い評価になる場合，その逆に，最初は悪い評価で途中から良い評価になる場合，の4種の条件がある。そして最後に，その人物への好意を測定するのである。

実験の結果，ずっと悪い評価を受けていた条件と，後半に悪い評価を受けて

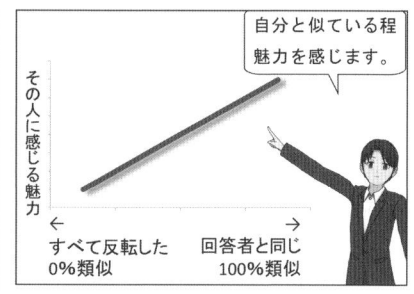

いた条件では好意が低かった。とにかく，最後の時点で悪い評価をした他者は好きにならないのである。そして興味深いことは，最も好意が高かった条件が，ずっと良い評価を受けた条件ではなく，最初は悪い評価で途中から良い評価に変わった条件だったのである。この条件は，7回とも良い評価を受けた条件の半分の量しか良い評価を受けていないが，けなされて落ち込んでいた時にほめられることが一層の報酬になったと考えられるだろう。これは**獲得-損失効果**（gain-loss effect）とよばれる。受けた良い評価の総量で魅力が決まるわけではないのである。

2000年代に「ツンデレ」という俗語が流行した。初めはツンツンと拒否的な態度を取ってくる人物が，その後，デレッとした好意的な態度を取るようになる様子を指しており，そのような態度の変化に魅力を感じることが話題となった。自分に対する態度の変化が魅力の程度に影響する点で共通した現象と考えることができる。

また，自分と似た人を好きになる場合も同様に，周りにもっと似た人がいる場合と，周りが異質な人ばかりの場合とでは魅力の程度が変わってくる。外国に旅行している時に，ばったり日本人の知り合いに出会ったことを想像してほしい。普段日本にいる時にはそれほど好きではない人であっても，非常に親近感を持ってしまうものである。

田島（2000）は，前項に紹介したバーンらの実験手法をアレンジして，これに類似した現象を検討している。自分と態度が50％類似した他者の魅力は，75％類似の人物と一緒に呈示された場合よりも，25％類似の人物と一緒に呈示された場合の方が高かったのである。後者のように，25％類似という，自分と価値観が違う人しか周りにいない時は心細くなり，少しでも多く似ている人（この場合50％類似の人物）がいればその人に比較的高い魅力を感じてしまうのである。ファッションや食べ物，音楽のような身近な話題に関しては，日常で自分とよく似ている人を何人も知っているので，実験中に50％類似の人を呈示されても，そこまで「自分と似ている！」とは思わないはずである。絶対的にはそれほど似ていないことは頭では分かっていても，その時の周りの顔ぶれを見ながら，相対的に自分と似ている人を好きになることもありそうなのである。

誰と特定の関係になるのか

　この章で紹介した内容をひととおり思い出してみると，結局のところ，特定の関係をつくる相手を選ぶ時，「みんなから人気のあるこの人じゃなくちゃ絶対ダメ」と決めているのではなく，「他の人がなんと言おうと，この人が今の自分にふさわしい」という感覚で選んでいるようである。「健康な子孫のためには平均顔の人でないと」，「あの仕事を一緒にするためには，このことについて同じ意見でないと」，のように，環境への適応との関わりから絶対的な基準だけで相手が選択されるのではなく，「自分の身体的魅力のレベルと釣り合うから」，「他の人と比べると一番近いから」，「今の自分の気持ちを癒してくれるから」のように，社会という大きな関係性を背景として，その中で自分と新しくつながる相手として適しているような相手を選択しているところがある。「社会にはどのような人がいて，その内のどのような人と私は特定の関係をもつのか」ということをふまえながら，自分で妥当だと思える人に近づいていくということである。

■ 4-3　気に入らず，離れていく

　魅力ある他者に好意をもって特定の関係へと進展することもある一方で，嫌悪を感じる他者に攻撃をするなど，関係が崩壊へと進んでしまうこともある。

ネガティビティ・バイアス

　例えば，獲物を一度くらい捕り逃しても次のチャンスを待てば良い。しかし，天敵の獣に襲われることは一度であっても絶対に避けなければならない。怪我をするかもしれないし，悪くすれば死に至るかもしれないからである。他者の評価を形成する手がかりに関しても，良いことと悪いことは同じ重みではなく，悪いことの方が注目され，印象形成に大きな影響を与えるようである。これは**ネガティビティ・バイアス**（negativity bias）とよばれる。良いことはあまり見てもらえないのに，悪いことばかり見られてしまうとは，なかなか辛いことである。

　さらに，悪い評価は印象に長く残りやすいということもある。吉川（1989）

は，ある人物の良いエピソードと悪いエピソードのどちらが先に呈示されるかによって印象がどのように変化するかを検討した（図16）。その結果，先に「道に迷っていたおばあさんを助けてあげた」のような良いエピソードが呈示された後に，「拾ったサイフを持ち去ってしまった」のような悪いエピソードが呈示された場合に印象が大幅に悪化するのに比べると，悪いエピソードから良いエピソードという順で呈示された場合には印象はそれほど良くならなかった。つまり，いくら最初に少しくらい良い印象を与えていたとしても，1つ悪いことをしてしまえば印象は一気に悪化し，それはなかなか取り戻すことができないのである。

攻撃行動

　他者の悪いところに注目し，悪い印象を持つだけではなく，嫌いになって危害を加えることもある。

　攻撃行動が起こりやすくなる状況の要因としては，気温や騒音，密集状態などが指摘されている。暑くてうるさく混み入った夏の満員電車や夏祭りの会場が典型的である。不快な環境ではイライラしてケンカが起こりやすくなるのは想像に難くないであろう。また，女性よりも男性の方が攻撃的であるという性差の存在を指摘する研究もある。

　また，一般的には攻撃は匿名状態の方が現れやすいと思うかもしれない。ジンバルド（Zimbardo, 1970）の実験で，他者に電気ショックを与えるよう実験参加者に依頼した場合，明るい部屋で名札をつけて，自分の名前をたびたび

図16　悪い印象は残りやすい

よばれる条件におかれた実験参加者よりも，暗い部屋で顔を含めた全身を布で覆った匿名状態の条件におかれた実験参加者の方が，強い電気ショックを与えたのである。暴行などのような犯罪も夜の暗い道で起こりやすいことや，匿名状態であるインターネット上で，攻撃的な意見が多く投稿されやすいことを考えてもうなずけることである。

　しかし，例えば相手から傷つけられた際に，相手がそれに気づいていなかったり，さして気にしていないようなとき，相手の前でオーバーに痛がったり落ち込んで見せたりすることがある。相手から受けた攻撃に対して報復をする場合にも，相手の行動がいかに自分を傷つけたのか「知らせるため」，「認めさせるため」に，むしろ匿名状態でない場合に攻撃行動が促進することもある。

　ワーチェルら（Worchel, Arnold, & Harrison, 1978）の行った実験では，自分に対して否定的な評価を向けてきた他者に対して，報復の電気ショックを与える機会を得た際に，「本当はあなたが電気ショックを与えるが，相手には別の人が与えると知らされている」と伝えた場合，つまり匿名状態で報復するよりも，「あなたが電気ショックを与えることが相手に知らされている」と伝えた場合，つまり「さっき，否定的な評価を受けた私」が電気ショックを与えるということが相手に分かる方が強い電気ショックを与えていた。攻撃を受けた後の報復は，匿名性によって攻撃行動が促進される効果よりも，自分が攻撃行動をすることを相手に伝えることができることが促進効果をもっていたのである。

　「目に物見せてやる」という言葉があるように，仕返しをすることを相手に知らせ，「さっきのは，このくらい痛かったんだよ」と伝えることで，傷つけたこ

とを相手に認めさせたい気持ちもある。罪を犯したことを認めようとしない者にもできるだけ自白をさせ，その後，道徳心を育てることで，罪の意識をできる限り感じさせたいと思うことと同じであろう。

5 関係が進展していく

「あの人と仲良くなりたい」という気持ちだけでは，まだ実際の「関係」は始まっていない。そこから本当に仲良くなり，付き合いが続いていくことになった時，何が関係を進展させ，どんな困難が待ち受けているのか。

以下のような場面を想像してほしい。「おなかが空いたので果物を食べようと木の枝に手を伸ばしたが，もうちょっとのところで届かない。その時ちょうど通りがかった背の高い人が，果物を1つもぎ取って私にくれた。座ってそれを食べていると，次に通りがかった人が果物を見て立ち止まり，その果物の種を使って子どもの頃によく遊んだと話しかけてきた。私もその遊びには覚えがあり，2人で昔の思い出話に花を咲かせた」この例のように，人が他者と関係をもつ時に，大きく分けて以下のような2つの側面がある。1つは他者との道具的，手段的な関係の側面である。果物を取ってくれる人と関わる時のように，環境に適応する際の助けとなる。また，思い出話や世間話をする時のように，自分と環境との関わりについて，つまり自分の内的な世界を他者と共有することがある。これが2つ目の，他者との情緒的，目的的な関係の側面である。これらを簡単に言い換えれば，「役に立つ人」と関わり，「自分を味わうために」人と関わるのである。

他者との関係が進展していくなかで，これら2つの側面が入り交じり，関係性にさまざまな影響を与えていくのである。

■ 5-1 親密になっていく

「○○をやるためには人の手が必要だ」という道具的な側面から新たな関係が始まる場合もあるが，特に学生同士のような場合には，「あの人と仲良くなり

たい」から始まって，まず情緒的に親しくなり，途中から道具的な関係の側面が混ざってくることも多いだろう。

SVR 理論

小さな子供同士であれば「あの子はたくさんおもちゃを持っているから」とか，学生同士であれば「顔がかわいいから」「スポーツができるから」といった理由で友達になり始めたり，恋人に選んだりすることもあるかもしれない。しかし長く付き合っているとそんなことはどうでも良くなってくる場合もあり，さらに，「この相手と結婚していいのだろうか」などと考える時などは，また全然違うところに着目して悩んだりするものである。

他者との関係が深まるために必要な条件について，**マースタイン**（Murstein, 1977）は **SVR 理論**にまとめている。SVR とは，刺激（S:stimulus），価値観（V:value），役割（R:role）の3つであり，親密さが深まる過程でこの3つが順に必要になるという。まず「刺激」は関係をもとうとする他者に魅力を感じて接近する際に関連する条件であり，関係をもつようになると，次に「価値観」の類似が親密さを深める条件となる。そしてさらに，互いに「役割」を担うことが親密さを深める重要な条件になるというのである。これは，情緒的な関係が深まった後に道具的な関係の側面が重視されていく例をあらわしている。

このように，人間関係には情緒的な関係が重要な側面として強く出てくる場合と，道具的な関係が重要な側面として強く出てくる場合とがあり，関係の時期によってもその重みづけが変わりうるのである。「…最初は趣味が同じだっ

図17 援助行動における責任分散

たので知り合ったんですが，そのうちにお互い似たところがあるなーって思ったんです。結婚してからは，家事や子育ての役割を分担するようになりました…」という場合もあれば，「…最初は仕事場での重要なパートナーだった人なんですが，仕事の帰りに食事をしたりするうちにプライベートな話もするようになって…」，という場合もあるのだろう。

援助行動

　例えば，友人が「切符の買い方が分からない」と言って困っていたら気軽に援助することはできそうであるが，混雑した駅の切符売り場で知らない人が困った表情をしている時には，なかなか気軽に援助できないものである。そこにはいくつかの要因が援助の邪魔をしていることが分かっている。

　援助行動が社会心理学でさかんに研究されるきっかけとなったのは，ある1つの残忍な事件である。1964年アメリカのニューヨークで，ひとりの女性が深夜の帰宅途中に男に襲われた。彼女の叫び声に気づいた周囲の住民は多かったにもかかわらず，誰も助けず警察にさえ通報する者がいなかったため，犯人は現場にしばらくの間留まって，最後には被害者の命を奪ってしまったのである。

　援助行動が起きにくい理由の1つに事態の曖昧さがある。助けるほどの事態であるか確信がもてないということである。たとえ悲鳴が聞こえたとしても，「大した事ではなかったらむしろ恥ずかしい」と心配して二の足を踏んでしまうことも多いのである。上述した事件の際にも，女性の悲鳴と男の声に気づいたとしても，それが夫婦ゲンカか何かだろうと思ってしまえば援助は起きない。

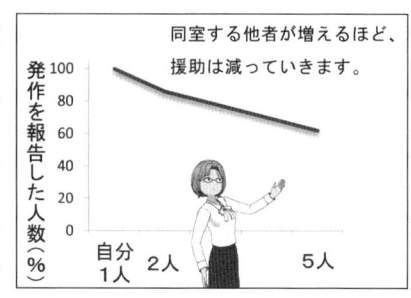

また，助ける必要がある事態だと理解されたとしても，援助できる人が自分だけではない場合には，**責任の分散**（diffusion of responsibility）によって援助行動が生起しない場合もある（図17）。**ラタネとダーリー**（Latané & Darly, 1970）は，実験室で体調を悪くした人物に対する援助行動の生起が，一緒に実験に参加している人数によって変化するかを検討した。人数を1人，2人，5人の場合で比較した結果，人数が増えるほど援助行動は起きにくくなることが明らかになった。「他の人が助けるかもしれない」と思って，援助への最初の一歩がなかなか踏み出せないのである。これを防ぐためには，「誰か助けてください」ではなく，特定のひとりをはっきりと指さして「あなた助けてください」と，援助を求める必要がある。

自己開示

初対面同士が集まっている集団で，みんながワイワイと自分自身の個人的な話をし始めているのに，自分だけがまだ自己紹介をしていなければ，仲良くなれた気がしないし，周りからもよそよそしいと思われてしまうだろう。相手を知るだけでなく，自分を知ってもらうことで初めて「知り合い」となり，親しさが増した気がするものである。

道具的な関係において，互いを知ることが重要なのは言うまでもない。一緒に仕事をする時には，互いの仕事に対する考え方や知識，能力などを知っておかなければ仕事はスムーズに進まないからである。しかしそれだけでなく，情緒的な関係における親しさを感じるためにも，互いの**自己開示**（self-

図18 ちょうど良い自己開示とは

disclosure）がとても重要なのである。それは，環境との関わり方を共有することが情緒的な関係そのものだからである。

単に，たくさんのことを自己開示すれば親しさが感じられるというわけではない。仕事の話やニュースの感想よりも，自分の短所や恋愛の悩みのように，否定的なことや，表面的でないと感じる内容の開示の方が親しくなったと感じられやすいであろう。しかし，あまり急に深い内容を開示することはむしろ嫌われることにもなりかねないので，相手の開示に合わせた**返報性**（reciprocity）のルールにしたがって，徐々に開示をしていく必要がある（図18）。

また，自己開示とは，自分のことを相手に知らせる目的で開示することを指す。つまり，偶然に知られてしまうような場合は含まないのである。したがって，相手の携帯電話や日記を盗み見てしまったのでは意味がない。「相手の事を知っているということを相手が知っている」「自分のことを知ってくれているということを私は知っている」ということである。さらに，「誰にでも言っている」ような場合よりも，「自分にだけ教えてくれた」という開示を受けた時の方が嬉しいものである。開示した方からも，他の人とは違って「あの人だけが知っている」という相対的な親しさが感じられる。

■ 5-2　関係の進展を妨げる葛藤

道具的な関係の側面からいえば，自分の目標の達成に役に立つ他者であることが関係を続ける理由である。自分が求めることのむしろ邪魔をするような存

在となったり，こちらから「してあげている」程度に比べて，相手からはあまり「してくれない」ようになったりした時には，さっさと関係を絶つ方が良いということになる。しかし，そのような状況は日常では少なくないにもかかわらず，われわれは相手をコロコロと変え続けるのではなく，ある程度は道具的にマイナスな他者であっても，それを乗り越えて関係を続けていくこともできる。

社会的交換理論

「アルバイトを雇ったことで店の売り上げは少しだけ増えたが，支払っているアルバイト代の方が多い」となれば，「申し訳ないが辞めてもらおう」となるのが普通である。仕事上だけの付き合いのように，道具的な側面が比較的強く出ている関係では，「相手にどのくらいしてあげたのか」，その結果，「自分はどのくらいの利益を得たのか」，などの損得勘定を気にすることも多い。そしてこのような関係では，自分の期待したような見返りが得られない場合に関係が崩壊する危険がある。

　人間が，他者との関係の中で自分の利益を最大化させようと動機づけられていることについて理論化したものを総称して**社会的交換理論**（social exchange theory）とよぶ。例えば，**ケリー**と**ティボー**（Kelley & Thibaut, 1978）や**ラスバルト**（Rusbult, 1980）によれば，他者から得られる報酬から，そこで支払ったコストを引いた差が利得であり，その利得が過去の経験や別の他者との関係から得られる利得などと比べてどうか，ということなどが関係の満足度を決め

図19　結婚の意思は衡平でない場合に

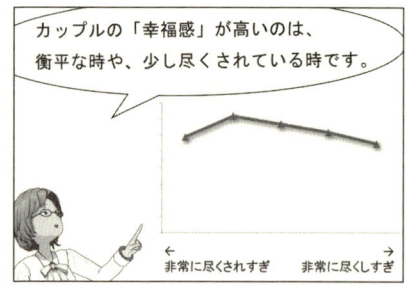

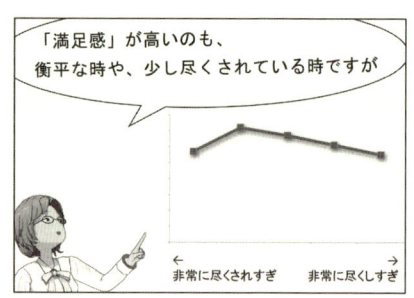

る際に重要であるとする。例えば，転職前と同じだけしか働いていないのに給料が上がればもちろん満足できる。また，異性にたくさん贈り物をしてもなしのつぶてであれば，もっと他の人を探そうか，と思うこともある。

また，**アダムス**（Adams, 1965）や**ウォルスター**ら（Walster, Bersheid, & Walster, 1976）は，自分と他者それぞれの報酬とコストの比率を比べ，それが**衡平**（equity）である場合に不満が低くなるとした。例えば，同じくらいの仕事量をしている他者と比べて自分の方が給料が低い場合には不満であり，自分の昇給を求めたりする他に，相手の減給を求める，自分が仕事をサボる，相手の仕事を増やす，などによって衡平を回復させ，不満を解消しようとする。また，衡平な状態を求めるのはお金に関する場合だけではない。「いつも面倒をみてあげてるのに…」とか，「これまで気にかけてもらっていたから…」などのように，対人関係の中ではいろいろなことがコストや報酬となっており，それらの比率が互いにバランスが取れるように気を使っていることも多いのである。

井上（1985）が，恋愛関係にある大学生に対する調査を行った結果，自分の方が尽くしすぎている場合には怒りを感じ，尽くされすぎている場合には罪の意識を感じていた。しかし，結婚への意図が高かったのは衡平な関係の場合ではなく，少し尽くしすぎているもしくは少し尽くされすぎている場合であったことは興味深い（図 19）。

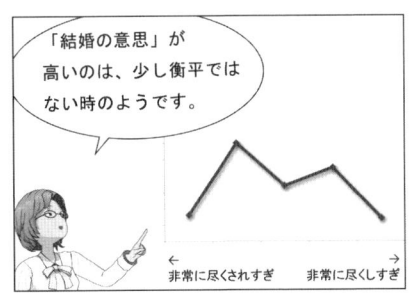

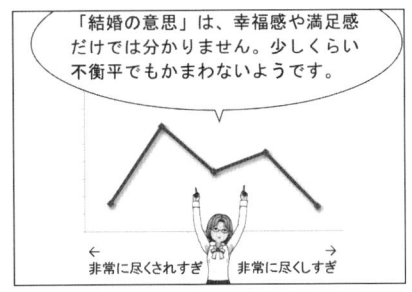

共同的関係

人間関係には，損得勘定を無視したような情緒的な関係の側面が強く出る場

合もある．親子や兄弟，恋人同士などでは，利得が衡平であるかを気にすることはむしろ「水くさい」などと感じる場合もある．このような関係を**共同的関係**（communal relationship: Clark & Mills, 1979）とよぶこともある．少しくらい尽くしすぎたり尽くされすぎたりしても平気なのである．

　見返りを気にしない情緒的な関係といわれて最も典型的にイメージするのは親子関係であろうが，恋愛関係もその1つといえよう．恋愛関係についてのこれまでの研究でも，その特徴を指摘しているものは少なくない．**ルビン**（Rubin, 1970）は，「好意（like）」と「愛情（love）」とがどのように違うのかを議論して，それを区別して測定するための尺度を開発した．愛情を測定する尺度の中には，相手のために無条件に何でもしてあげようとする愛他的な態度を問う項目や，相手を独り占めして閉鎖的な関係をつくろうとする態度を問う項目などもある．それらが愛情の典型的な要素に含まれているということである．

　また，**デイヴィス**（Davis, 1985）も，恋愛関係が友人関係とどのように異なるかを検討して，自分を犠牲にしてでも相手に何かしてあげようとすることや，2人の間から第三者を排除しようとする排他性などを恋愛関係の特殊性としてあげている．それ以外に，性的衝動を含んだ情熱的な側面も恋愛関係に特徴的なところである．

　はたから見ると呆れてしまうような全身全霊で相手に尽くし続ける恋愛や，見ていて恥ずかしくなるような2人だけの世界をつくってしまう恋愛は，道具的な関係の側面とは正反対であり，むしろ環境への不適応とも言えるような関係性に思える．しかし，そのような関係を求めるということから，内的な世界の共有に関して，恋人や夫婦がいかに重要な役割を果たしているかが分かる．それゆえに，好きな相手が別のことに興味をもったり，いなくなってしまったりすれば，まるで自分が無くなってしまうかのような空虚さが感じられるのである．

対人葛藤

　友達のせいで自分が損をしたり，望みが叶わなくなるような何らかの迷惑をこうむった場合には，もちろんその友達を責めたくなる．しかし，すぐに怒り

出すのではなく，「なんで遅れたの？」「なんでそんなこと言うの？」などと，相手の言い分も聞いてあげたいところである。理由次第で，こちらの対応も変わっていく。

　大渕（1982）の研究では，相手から迷惑を受けた時にも，その原因が，「事故に巻き込まれた」などのような相手の意図とは関係ない原因であった場合に比べると，「寝過ごしてしまった」，「勝手に計画を変更した」などのように，意図的，または制御可能なはずの原因であると帰属した場合に腹を立てたり責めたりする傾向が強くなった。他者との今後のよりよい関係を築いていくためには，忘れずに自己制御してほしい内容は印象的に伝える必要がある。

　また，他者の目的と自分の目的とがぶつかりあっている場合には，そこに**対人葛藤**（interpersonal conflict）が生じる。例えば，飢えた状況で少ない食料を奪い合う時などがそうである。

　対人葛藤している場合には，その解決には，自分の目標を優先させるか否か，それとも他者の目標を優先させるか否か，という複数の方略がありうる（Thomas, 1976）。例えば自分は和食屋に行きたいが，相手は洋食屋に行きたがっていたとする。自分の目標を優先させればもちろん和食屋を強く主張することになるが，譲歩して洋食屋に行くという選択もある。また，対立を回避しようと2人で外食するのをやめてしまうという選択もある。さらに，両者の目標をある程度は両立させるために，どちらの料理も出しているお店を探したり，間をとって中華料理屋にするという選択もあるだろう。

　これまでの研究によって，双方の目標を両立させようとする統合的な解決を目指すことが，対人関係に与える否定的な影響が最も低く，逆に，無視したり，関係を崩壊させるような破壊的な行動をとることは，関係を最も悪化させることが分かっている。したがって，両者の個人目標を統合させる解決策を見出すことがもっとも重要な方略であろうと思われるため，どのようなパーソナリティの人がどのような方略を取りがちであるのか，また，性差はあるのかなど，現在も研究が続けられている。

　両者の個人目標を統合させる解決策とは，上の例でいえば，外食をやめて，自宅で和食と洋食を2人で一品ずつ作るという解決策もその1つの形である。

6 同じ目標を目指して，みんなで力を合わせる

　この章では，自分と他者とがいよいよ1つの目標を目指し始める。狩猟をしていて，ひとりでは小動物しか手に入らなくても，大人数なら大きな動物を狩ることもできる。大きな企業が大きな仕事をすることもある。同じ目標を共有して道具的な関係を築いていくことによって，心理や行動にどのような変化が生じるのであろうか。

■ 6-1　集団目標を共有する

　どんな時に他者と目標を共有し，その目標を達成するための行動が発生するのだろうか。例えば，道に大木が倒れていて通れない。後ろからやってきたもうひとりも困っている。2人でなら何とか動かせそうだ。じゃあやってみようと互いに目を合わせてうなずき合う。こんな場合である。つまり，ひとりではその目標に到達することができないが，他者も同じ目標をもっていることを知り，一緒に行うことでそれぞれの目標に近づきやすくなることを互いに理解し，目標達成に向けて必要な遂行をそれぞれが実行すると見込める場合である（図20）。

　ひとりより2人，2人より3人の方がより重たい物を動かすことができるし，強い天敵とも戦うことができる。独創的なアイデアが求められるような課題であっても，自分ひとりでは思いつかないような幅広いアイデアが他者から出てくることもあるだろう。このように考えると，やはりひとりよりみんなで目標を共有して協力し合う集団が良いということになるが，以下に紹介するように，集団がいつも容易に成立し，すぐに高い生産性を生み出すわけではない。

集団目標

　集団目標（group goal）とは，将来実現してほしいと思うような，集団にとって望ましい状態である。上にあげた道をふさいだ大木をどかす例では，一人一人が「道をあけて通りたい」と思っているため，そのような同一の目標を持った個人が集まれば，「みんなが通れるように道があいた状態」を実現しようとする集団目標は比較的共有しやすい。

　一方，異なる個人目標が統合されて新しく集団目標がつくりだされる場合もある。**カートライト**と**ザンダー**（Cartwright & Zander, 1960，原岡訳，1969-1970）は，3人の少年がそれぞれ，「お金が欲しい」，「大工道具を使いたい」，「友達と遊びたい」という異なる個人目標をもっていた時に，「レモン水を売るためのスタンドを作る」という集団目標をつくりだしたという例をあげている。この集団目標が達成すれば，3人の個人目標もすべて達成することになる。他の例としては，企業への就職なども分かりやすい。新入社員の中には，給料をもらうために入社する者もいれば，有名企業の社員という肩書きが欲しいだけの場合もあったり，社会貢献が目的である場合もありうるだろうが，「良い商品を社会に売る」という集団目標を共有できる。このように，異なる個人目標をもった成員が1つの集団目標を共有する場合がある。

集団主義と個人主義

　「私はしばしば"自分のこと"を優先する」という考え方に，あなたはどの程度賛成するだろうか？実は，これは集団主義の程度を測定する質問項目の1つ

図20　集団目標の共有

である。このような考え方に賛成するほどあなたは個人主義的，反対するほど集団主義的ということになる。他のたとえをすれば，あなたが宝くじで大金を手にしたとき，全て自分のものにするか，それとも仲の良い人たちと分け合うか，ということである。**トリアンディス**（Triandis, 1995）によれば，**集団主義**（collectivism）とは個人の目標よりも集団の目標を重視する傾向であり，個人の目標の方を重視する傾向は**個人主義**（individualism）である。

　集団主義であるか個人主義であるかは文化の違いが関連するという考え方もあり，欧米諸国は個人主義であり，東アジアや中南米諸国は集団主義であると考えられる場合がある。このような通説は，かつて**ベネディクト**（Benedict, 1946）が著書『菊と刀』の中で日本人の集団主義的な特徴を論じたことの影響も大きいようである。

　しかし一方で，状況を統制して検討した研究の結果からみると，日本人が特に集団主義的であるというデータはなく，条件さえ揃っていれば，どのような文化をもつ者であっても集団の目標を重視するようにもなることが近年になって分かってきた。つまり，日本人が集団主義的であったとすれば，戦中や戦後の復興期に，集団主義的であることが有利になるような状況が存在していたためであろう。また，「最近の若者」の中に個人主義的な者がいるとすれば，集団で目標を共有して協力し合うことが有利となる状況が少ない環境に生活しているためということになる。宝くじで得た大金を仲間と分け合うことで，結果的にお金では得られない大事なものまで自分の手に入るのであれば，それは集団主義的とも個人主義的とも言い難い。

社会的ジレンマ

　みんなで協力すれば目標に達して一人一人が利益を得る，ということが客観的には明らかな場合であっても，必ずしも協力行動が生起するとは限らない。例えば，重たい物を移動させたい時にも，他者が一緒にそれを持ち上げようとする素振りを見せなければ，自分ひとりだけが力を出しても損してしまうため，「ではやろう」という気にはならないはずである。結果として誰もが協力せず，協力によって得られるはずだった利益を誰も手にすることができない場合もある。

　また，協力しない人が利益を得るような場合には，協力行動は一層生起しにくいものである。例えば，みんなで節電をしなければ街中が停電になるかもしれないという時でも，ひとりだけエアコンを存分に使って快適に過ごすことができる。節電に協力しないことで自分だけ利益が得られるのである。しかし，このような個人が増えたとしたら，本当に停電になってしまい全員に悪い結果がもたらされる。もちろんエアコンを使っていた人も使っていなかった人もである。この仕組みを**社会的ジレンマ**（social dilemma）という（図21）。

　ハーディン（Hardin, 1968）は社会的ジレンマの1つとして**共有地の悲劇**というエピソードを例にあげた。羊飼いが牧草地を共有している場合に，羊の数が少ない内は牧草の育ちも良いが，みんなが頭数を増やしてしまうと土地は荒れてしまう。しかし，頭数はできるだけ増やした方が個人の収入は増えるのである。その結果，一人一人が，「自分だけなら」という気持ちで頭数を増やしてしまい，結果として土地は荒れ，みんなが頭数を控えめにしていた場合よりも

図21　これも社会的ジレンマ

全員の利益は減ってしまうのである。

　個人の利益にのみ執着してしまい社会的ジレンマに陥ってしまう例は日常生活でも少なくない。路上駐車をして買い物をする個人が多過ぎれば救急車や消防車などが通れないこともある。また，NHK の受信料を払わない人が多くなれば番組の質が下がってしまうかもしれない。いずれの例でも，個人の利益を求める行動が少数である内は，その個人は本当に得をする。これは，**フリーライダー**（free rider）とよばれる。つまりただ乗りである。他者が協力行動をしてくれるおかげで自分は協力しなくても利益を得られるのである。

　興味深いことは，フリーライダーが必ずしも悪意をもっているとは限らないことである。むしろ「良かれと思って」している場合もある。例えば，希少価値のある商品を売っている企業の社員は悪気無くたくさん売ろうとがんばるが，多く売れば商品はありふれて価値が無くなり業界全体の利益も減ってしまう。まじめにがんばることで社会的ジレンマに陥る場合もある。

　社会的ジレンマを抑制する方法として，罰や報酬を利用した制度によって協力させる仕組みをつくるということも重要であるが，社会的ジレンマの存在や仕組みを各自が十分に理解することも大切である。

プロセス・ロス

　しかし，何でもかんでもみんなでやった方が良いかというと，そうではない。2 人で行うことで成果がぴったり 2 倍になり，3 人では 3 倍…とはならないのである。例えば，ひとりで 50kg の物を持ち上げることができるとしても，2 人

だと100kgの物は持ち上げられないのである。人数に比例した成果のレベルが期待されるものの、実際にはそれより低下してしまう現象は**プロセス・ロス**（process loss）とよばれる。

プロセス・ロスが生じる原因は大きく2つ考えられている。1つは協調の難しさである。例えば、何人かで1つのハンドルを持って車を運転することができるだろうか。これはうまくいくはずがない、「船頭多くして船山に登る」である。「力を合わせて」という表現がよく使われるが、みんなで作業する場合にはタイミングを合わせて力を入れる必要がある。綱引きでも、力を入れる瞬間をみんなで一致させるのがコツなのである。また、独創的なアイデアを提案させる課題をみんなで自由に討論する**ブレーンストーミング**（brainstorming）をする場合でも、他者の発言を聞いている間は思考が妨げられるため、ひとりずつ考えてアイデアを出した後にそれを集めた場合よりも成果は低下してしまう。

もう1つの原因は動機の低下である。一人一人の作業の成果がはっきりと分からず、一括された全員の成果しか分からないような場合にはやる気が出なくなり、**社会的手抜き**（social loafing）が生じて成果は低下する。みんなで作業を行うことで安心してしまい、責任が分散してしまうためだと考えられている。

ラタネら（Latané, Williams, & Harkins, 1979）は、マイクの前でできるだけ大きな声を出したり拍手をさせるという実験を行った。その結果、ひとりずつ行った場合よりも、複数で一度に行う場合の方がひとりあたりの声や拍手の大きさは低下した。しかも人数が多くなるほど低下の幅も大きかったのである。このような動機の低下による社会的手抜きは、さまざまな作業において生じることが明らかになっている。みんなで学校の教室を掃除したり、校歌を合唱したりする時にやる気が出ず、社会的手抜きが生じることは多い。

集団同士の厳しい競争が行われている状況においては、社会的手抜きという現象は特に重要な問題となる。この悪影響を弱めるために、全体の成果量だけでなく一人一人の作業の成果量が明らかになるようにする工夫はよく行われる対策の1つである。営業成績を個別に貼り出すなどの工夫によって、自分の成果は自分でコントロールできるという感覚が得られ、全体の成果量にも良い影響が期待される。

6-2　集団目標に向かって進んでいく

　集団目標を共有したからといって，成員は自動的にやる気が出て集団活動を活発に行うわけではない。どのような要因が成員のやる気に影響するのだろうか。

集団移行

　集団目標が共有され，集団が目標に向かって活動することは**集団移行**（group locomotion）とよばれ，集団目標に向かって集団移行させる力は**集団モラル**（または**集団志気**：group morale）とよばれる。集団モラルが高い場合には，成員がみんなやる気があって集団目標に向かって積極的に協力し合う状態となる。

　例えば，暇つぶしにやるスポーツはやる気が出なくても，優勝チームに賞金が出ると知って俄然やる気が出ることもあるだろう。また，なんとなく就職してしまった新入社員であっても，企業活動の社会的な意義を研修中に学ぶことで，仕事へのやる気が増すこともあるだろう。つまり，集団目標が達成した場合に，成員たちに多くの報酬が分配される見込みがある場合や，集団目標が達成されることや集団活動に参加することそのものに高い価値が見出されている場合などに集団モラルが高まる。言い換えると，集団移行が手段として重要である場合と目的として重要である場合ということである。

集団規範

　集団に入ると，「服や髪は○○に！」とか，「挨拶の仕方は○○！」などのように，集団目標の達成とあまり関係なさそうなことまでルールができることがある。これは**集団規範**（group norm）の1つである。もちろん，「仕事は最低でも○○以上！」のように，集団目標に直結する決まりごとも集団規範である。

　例えば，ライバル企業に勝つために一日に決まった数の商品を売らなければならない，という集団規範もあるだろう。「ノルマ」という言葉も，そもそもは「規範（norm）」に由来している。成員がそれらの集団規範に従って遂行しなければ，成員が望む集団目標が達成しないため，成員への圧力として相互に

期待し合うことになる。「〇〇集団の一員であるからには，〇〇を実行してもらわなければ困る」ということである。

　集団規範に沿って行動しない成員に対しては，集団の他の成員からのコミュニケーションが増えることになる。例えば，あまり働かず成果を出さない成員には，仲間も心配して様子をきき，ハッパをかけたりなだめたりすることになる。その後，集団規範に沿ってくればコミュニケーション量は減るが，逸脱し続ける成員に対してはしばらくの間コミュニケーション量が増え続けた後に低下する。これは，他の成員から嫌われてしまい，のけ者にされていくことを示しているのである。

　このように，成員が集団規範に同調するよう相互に圧力を加える必要があるのは，各成員のモラルがもともと一様ではないからである。「とにかく有名企業に就職したかっただけ」の社員は仕事をする気が起きないだろうし，「社会に貢献したいだけ」の社員は儲かる仕事より社会的意義のある仕事ばかりしようとするだろう。各成員の個人目標が同じではないので，モラルが上がりにくい場合もある。

　また，自分ががんばらなくても集団目標が達成しうるような課題の構造であれば，フリーライダーになって分け前だけもらってしまう成員が増えたり，報酬がもともとあまり必要でない成員もいるだろう。集団規範に従った行動が楽にできるような能力をもった成員ばかりではないこともあるかもしれない。このような多くの条件が，成員間のモラルに差異をもたらすのである。それゆえに，集団モラルを高く維持して集団規範を遵守させるためには，集団内のコ

図22　苦労して入った集団への魅力

ミュニケーションが不可欠なのである。

集団への入会儀礼

　集団モラルを高めるためには，まずは集団目標や報酬を魅力的にすることが考えられるが，それ以外にも方法がある。例えば，「集団に入ってすぐに，いじめられるような嫌な体験をした」となれば，その集団が嫌いになり，その集団から逃げたしたくなると思うかもしれない。しかしまったく正反対に，むしろ集団を好きになって，集団活動にやる気が出る場合もある。

　アロンソンとミルズ（Aronson & Mills, 1959）は，ある討議集団に参加してもらうよう女子大学生の実験参加者に依頼した。その集団では性に関するテーマで議論をすることになるので，事前に入会テストを受けてもらう手順となっている。厳しい入会テストを受けてもらう参加者には，わざと困惑させるよう，わいせつな文章を読み上げさせた。そのような経験をした参加者は，あまり厳しくない入会テストを経験した人たちや，入会テストを経験をしていない人たちに比べて，集団の活動に対して前向きに評価するようになっていたのである。厳しい経験と引き替えに，やっとのことで集団に入ってきたのであるから，「せっかく入った集団や集団成員があまり良くなかったら泣くに泣けない，きっと良いはずだ」と思ってしまいがちなのである（図22）。

　入会の条件を厳しくしたり，最初に厳しく困惑するような経験をさせられると知れば，集団に入会したがる人が減ってしまう悪影響もありうる。したがってこのような方法がよく用いられるのは，集団への参加があらかじめ決められ

ている場合であろう．部活動の新入部員への指導や企業の新入社員研修の内容にも，知らぬうちにこのような効果が含まれていることがあるかもしれない．

集団極性化

　例えば，友達に「ねえ，あの人かっこ良くない？」と話してみた時に，「あたしもそう思ってた！」と返事があり，盛り上がって会話した後には，前よりもさらにその人のことがかっこ良く見えるようになった，ということはありそうな話である．また，各自が何となく反対意見をもっていた議題について会議をすれば，終わる頃にはみんなが「断固反対！」となっていることもあるだろう．

　このような現象は**集団極性化**（group polarization）とよばれる．最初に個人がもっていた意見よりも，集団で議論した後の方が意見が極端なものへと変化することである．このような変化は，会話や議論の中で情報交換されたことによって説得的な根拠が増えることも原因のひとつである．先ほどの例で言えば，あの人のかっこいいところが頭の良いところだけだと思っていたが，友人の話によればスポーツも万能らしい，ということが新たに分かる場合もある．自分だけでは知り得なかった情報を知ることで，当初の意見を一層極端にするのである．

　また，極端な意見となることが，その集団成員らしさになる場合に極性化が生じやすいということもある．例えば，共通の趣味をもった同好会的な集まりであれば，その趣味に没頭したり趣味に大金を使ったりすることは集団成員らしさをあらわす．「食事や睡眠より趣味」という信条で生活をしているほど，その集団の中では「すごい」と肯定的に評価されるため，同好会で情報交換することはその傾向に拍車をかけることになる．他にも，危険を顧みずに勇敢な判断をする成員が多数いれば，議論によって意見はますます危険な方向へと極性化する**リスキーシフト**（risky shift）が起こり，慎重で用心深い判断をする成員が多数の場合には，議論によって意見は安全で危険の少ない方へと極性化する**コーシャスシフト**（cautious shift）が起こる．つまり，各成員が「集団の一員らしく」あろうとすることで意見が極端になるのである．

■ 6-3　異質な存在も取り込んでいく

　集団で活動をしていれば，意見や能力もバラバラで，なかなか1つにまとまらず，まとめるのに苦労を伴うものである。しかし，その異質さを取り込んで統合するところに集団の良さがあるのもまた事実である。

集団思考
　「三人寄れば文殊の知恵」というが，みんなで話し合えば良い考えが浮かぶというのは本当だろうか。
　大統領とそれを補佐する非常に優秀なはずの面々がそろって議論した末に承認された，アメリカのキューバへの侵攻計画が無惨な失敗に終わったことは有名である。同様に，朝鮮戦争やベトナム戦争が泥沼化してしまうことも，アメリカ政府の優秀な頭脳たちは予測することができなかったのである。ジャニス(Janis, 1971)は，このような結果は**集団思考**（または**集団浅慮**：groupthink）によるものであると分析した。つまり，第三者からみても誤った結論であることが明らかであり，本人たちにとっても後から考えれば，「なんて愚かな結論を出してしまったのか」と思えるような決定を，集団であるがゆえにしてしまうのである。
　このような集団思考は，政治的な判断のみならず，集団で議論されるさまざまな話題において生じる可能性がある。「文化祭の模擬店でアイスを売ろう！」という意見でまとまってみんなで盛り上がっている時に，「去年は寒くておでんが売れたらしいね」という意見は言い出しにくいし，言っても軽く流されてしまいやすいのである。
　集団思考が生じやすい集団とは，リーダーを中心とした結束力があって集団としてのまとまりがよく，意見を一致させようとする傾向が強い集団である。このような特徴は一般的には良い集団の特徴とされることが多いかもしれない。しかし問題であるのは，集団が1つにまとまることを重視するあまりに，異質な意見と真正面から向き合うことを避けてしまうところにある。最初からみんなが同じ意見であればそもそも集団で議論をする必要が無いのであり，異質な意見を否定せず取り入れるところに集団で議論することの意義がある。

例えば、学校の部活動の話し合いでは、男子と女子とがそれぞれの立場から部活動の方針について異なる意見をもっていてもおかしくない。また、企業での会議に企画開発部門と営業販売部門とが参加すれば、立場の違いから意見は対立しがちである。しかし、それらの意見を何とか摺り合わせて調整、統合を目指す必要がある。また、結論がまとまりかけていても、新たな情報が追加されたら結論をもう一度検討し直すことも必要な場合がある。しかし皮肉なことに、まとまりの良い集団ほどそれが苦手なのである。

ジャニスは集団思考を防止するための方法として、異論や疑問を気軽に発言できるような雰囲気をつくっておくことや、反対意見をもつ成員を集団に加えること、外部の専門家を議論に加えること、集団を分けて複数の下位集団で同じ議論をさせること、などを提案している（図23）。集団の適切な活動には、活動によって生じる異質なものを統合して1つにしていくという繰り返しが必要なのである。

ジグソー学習

自己紹介はしたものの、まだ少しよそよそしい雰囲気が抜けない時にはどうすればよいであろうか。こんな時には、チームで行うゲームやスポーツなどのレクリエーションをすることで、成員同士の仲が良くなっていくこともある。

ドイチュ（Deutsch, 1949）は、実験的に相互依存的な関係をつくり、集団で課題を行うことで成員にどのような変化が起きるかを検討している。特に、**促進的な相互依存的目標**（promotively interdependent goals）を与えた協同的

図23　集団思考を防ぐ方法の例

状況では，成員同士が一体感をもって仲良くなることが分かっている。促進的な相互依存的目標とは，どの成員もひとりでは目標に達することはできず，他の成員と一緒に協力しなければ到達できない目標である。一方，**妨害的な相互依存的目標**（contriently interdependent goals）は，誰かが目標に達すると他者は目標に達することができないような目標である。野球やサッカーでいえば，チーム内では促進的な相互依存的目標を共有しており，チーム間では妨害的な相互依存的目標を共有していることになる。

　教育場面では，生徒同士の仲が良くなるようにする工夫の1つとして，促進的な相互依存的目標を与える**ジグソー学習**（jigsaw learning もしくは jigsaw method: Aronson, 1978）が有名である。生徒を数人からなる小集団に分け，その内のひとりに，例えば歴史上の偉人の生い立ちに関する伝記を教える。別の生徒にはその偉人の少年時代の伝記を教え，さらに別の生徒には若者時代の伝記を…というように，それぞれ異なる内容を教える。そうしてから生徒たちは集団に戻り，互いに自分の知っている情報を教え合うのである。教員から，最後に偉人の人生全体についての理解をテストする予定であることを伝えても良いだろう。ジグソー学習の過程では，全ての生徒がそれぞれ教師役を経験し，全員が協力し合うことで初めて集団目標を達成することができるという仕組みになっている。

　みんなで一緒に目標を達成しなければ自分の目標も達成することができない，というある種の「しばり」が，他者の異質さを排除することなく受け入れて，それを統合させようとする力になるのである。

7 主体的な自己を顧みる

　われわれは，ひとりで居る時にも「自分が今どんな気持ちで，何をしようとしているのか」を感じることができるので，自己というものが最初から自分の中に自然に現れてくるものと思うかもしれない。しかし，1枚の鏡が，その鏡自体を映すことができないのと同じように，本来は，自分ひとりでは自己を顧みることはできず，他者との関わりの中にこそ現れてくる。この発想は，古くから，**ジェームズ**（James, 1892）や**クーリー**（Cooley, 1909）らの議論の中に登場していたものである。

　さらに自己の成立を集団の課題遂行との関わりから論じたのがミード（Mead, 1934）である。仮に，数人で大声大会に参加するとなれば，とにかく一人一人が大声を出すことに集中すればよい。他者の行動に気を取られる必要もない。しかし2人で漫才をするとなれば，ボケとツッコミの会話全体がおもしろくなるように，2人の会話全体を客観的に聞きながらでなければ上手くいかない。このように，役割分担する集団が課題遂行する場合には，一人一人の成員が集団全体の立場に立つ必要がある。この立場をミードは**一般化された他者**（generalized other）とよんだ。例えば，サッカーをしている場合には，「チーム全体の目的は得点を入れることだ。ゴール近くのあいつ（A）は俺からのパスを期待しているが，もっとシュートしやすい位置にいるあいつ（B）にパスしよう」などのように，あたかもサッカー場を上から見下ろすような一般化された他者の立場に立つことで，必ずしも他者の期待に沿わない主体的な自己が初めて見えてくるのである。

　また，このような役割分担する集団であっても，あらかじめ決められたマニュアルがあり，そのとおりに行動する場合には主体的ではない。成員がそれぞれ主体的に行動しつつも，集団全体が統合されているような時に，主体的な

自己が顧みられるのである。

7-1　主体的な自己が見えてくる

　われわれは一般的に，役割分担する集団での活動経験をもち，成人であれば自己を顧みることは当たり前のようにできるものであるが，普段から常に自己を顧み続けているというわけでもない。まずは主体的な存在，すなわち，「目的や意図をもって環境に働きかける存在としての自己」をどのように顧みるのか紹介する。

行為の原因帰属

　人が行為をする際には，周囲の状況にある複数の要因から影響を受けており，さらにそれらが行為者の性格や能力，過去の経験などと複雑に絡み合って最終的にどのような行為に及ぶかが決まるのである。例えば，あなたがお店でラーメンを注文したのは，あなたが元々ラーメン好きだったせいかもしれないが，メニューの中でラーメンが目立っていたせいかもしれないし，雨だったらもっと近くのカレー屋で食べていたはずなので，天気が晴れていたためかもしれないのである。また，ある行為の原因となった出来事があったとしても，その出来事にも原因があるはずである。例えば，桶屋がもうかったのは，多くのネズミが町中の桶をかじったからであり，ネズミが増えたのはネコが減ったためであり，ネコが減ったのは…。つまり，原因はなかなか1つに特定できない。し

図24　根本的な帰属のエラー

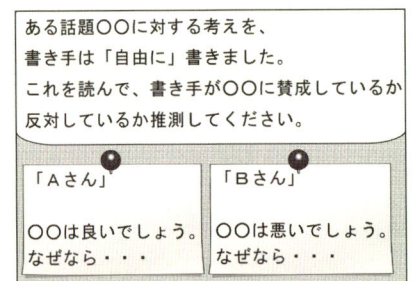

たがって，行為の正確な原因を見つけ出すことができるか否か，という問題ではなく，人はどのような要因が原因だと帰属する傾向があるか，という問題を考える必要があるが，そこにいくつかの興味深い現象が見つかってくる。

例えば，自分が歩いている時に滑って転びそうになったら，「ああ，道が凍っていたのか」と思い，また，会話中に相手の言葉に腹を立て，「何て嫌なやつなんだ」と思うことがある。人は，自分の行為の原因は自分の外にあると思う傾向がある。道が凍っていたり，相手が嫌なことを言ったから自分の行為が生じたと思いがちなのである。それは，人は行為をする際に，もともと周囲の状況に注意が向けられていることが多いため，外部に原因らしいことを見つけやすいことが理由であると考えられている。原因を帰属するということが，それによって同じような現象を予測したり統制しようとすることそのものにつながっているのである。

しかし一方で，周囲からその行為を観察している他者がいたとしたら，行為の原因は行為者の内部にあると思いがちだ。滑って転びそうになったのはその人がそそっかしいからであり，会話中に腹を立てたのはその人が怒りっぽい性格だからだと考えてしまう。他にも，「くじ引きで賛成意見を書くことになった人が書いた文章ですよ」と説明して文章を読ませたにもかかわらず，その文章を書いた人の本心までもが賛成意見だと思ってしまい，逆も同じように「くじ引きで反対意見を書くことになった人が書いた文章ですよ」と説明しても，文章を書いた人の本心が反対意見だと思ってしまうという傾向がある（Jones & Harris, 1967）（図24）。

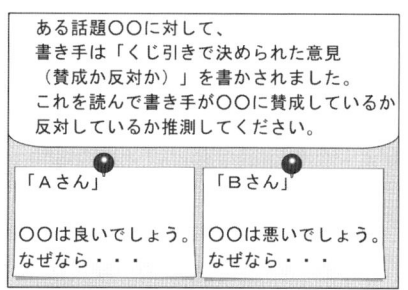

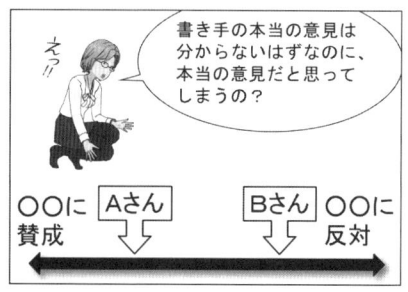

このように，行為の原因が行為者の内部にあると思いがちな傾向は，**根本的な帰属のエラー**（fundamental attribution error）とよばれる。観察者は行為者という目立った物事に原因を帰属しやすいのである。人にとって他者は，できるだけ予測，統制できるように理解しておきたい存在であることが分かる。行為者にある原因を知っておけば，その行為者と今後付き合ううえでも便利である。

仮に，良くない出来事が起きた場合にも，行為者自身は外的な要因に原因を帰属するが，観察者は行為者の内部に原因を帰属するというずれが生じる。例えば，悪い事件のニュースを観て，なぜそんな事件が起きたのだろうかと考えた時，外的な要因に原因を帰属しにくく，むしろ犯人の属性などに関心を向けやすいことになる。例えば，「犯人が病気だったからではないか」「犯人の生い立ちに問題があったのではないか」などである。しかし事件の再発防止の観点から言えば，その犯人さえ捕まえれば良いというものではなく，同じ状況で事件が起きないよう，意識的に外的な要因にも目を向ける必要があるということである。

対応推論と割増割引

他者が主体的な行為をしていると感じる場合は，その人らしい意図や目的，性格などの属性を感じ取っている。例えば，周囲が止めるのを振り切って強行するような行動にはその人らしい「積極性」や「強引さ」などを感じ取るが，犯人からナイフで脅されて言われたとおりに行動している時に，その人らしさは感じられないのが普通であろう。

行為を見て，それを主体的な「その人らしさ」だと感じるのは，行為の原因を行為者の内部に帰属した場合である。ジョーンズとデイヴィス（Jones & Davis, 1965）は，この過程を**対応推論**（correspondent inference）理論にまとめた。この理論では，行為が行為者の属性に「対応」したものであると推論されやすい条件，言い換えると，どういう場合に行為者の「その人らしい」行為だと帰属されるかということに焦点が当てられている。その1つに，行為が社会的に望ましくない時に，その行為が属性に対応したものであると推論されやすいという条件がある。例えば，お金を寄付しても「いい人」だとはあまり思っ

てもらえないということである。社会的に望ましい行為は，他者や社会から期待され，「ほめられたいから」「批判されたくないから」生じた行為であると推測されやすいからである。その行為によって具体的な利益を得ていればなおさらである。

　これと類似して，**ケリー**（Kelley, 1972）は，他に原因となりそうな要因が考えられる場合には，行為者の属性に帰属する程度が低下するという，**割引原理**（discounting principle）を提唱した。逆に，原因の邪魔をするような要因があれば，行為者の属性に帰属する程度は高まる。これは**割増原理**（augmentation principle）である。例えば，街中で困っている人を助けている人は「優しい」人だと思うが，助けている相手が魅力的な異性であれば「優しい」という帰属は割り引かれるかもしれない。また，行列に割り込んできた人に注意する人は「勇気ある」人だと思うが，割り込んできた人が見るからに怖そうな風貌であれば，「勇気ある」という帰属は割り増しされる。

自己知覚理論

　例えば，大きなケーキを食べている人をみて，「あの人はきっと甘いモノが好きなのだな」と推測する。それと同じように，自分の気持ちも自分の行動から推測するのである。そのため，無理矢理にでも自分が何か行動してしまえば，気持ちまで変わってしまうことがある。例えば，観てきた映画の感想を聞かれて，つい「面白かったよ」と言ってしまえば，本当にその映画を好きになることもあり，ひとり言で，ふと誰かの文句を言ってしまえば，その人を嫌いになることもあり得るのである。

　「本当の自分」と感じるところは，実はとても曖昧である。この仕組みは，ベム（Bem, 1972）によって**自己知覚理論**（self-perception theory）としてまとめられている。他者を知覚するのと同じように自己を知覚することがあるならば，前節で述べた他者に原因を帰属する場合の仕組みが自己知覚の過程でも同じように働くことになる。例えば，社会的に望ましくないこと，悪いことなどをした時に，「こういう悪いところは私らしいなあ」と思いがちであるし，高いお金を払ってまで得ようとしたことには割り増し原理が働き，「私は本当にこれが好きなんだなあ」と思いがちなのである。また，いつも周りから期待され

るとおりに行動し，他者から言われたとおりに従う人は，はたから見ても「あの人には自分が無いな」と感じられるが，自分自身にとっても「本当の自分が無い」ように感じてしまうことになる。

統制の所在

「やればできるのに」と，周りからは思われていても，本人は「どうせできない」と言ってなかなかやろうとしないことがある．物事の結果が何に伴って生じているかという知覚は**統制の所在**（locus of control）とよばれるが，その中には，自分の主体性が原因であるという**内的統制**（internal control）を知覚している場合や，他者や偶然などのような自分の主体性以外が原因であるという**外的統制**（external control）を知覚している場合がある．内的統制を知覚している場合には「やればできる」と考えやすく積極的になるが，外的統制を知覚している場合には「やっても無駄だ」と思ってしまい消極的になる．

内的統制ができない経験を何度も繰り返すことで外的統制の信念が形成されていくことが分かっている．**セリグマン**（Seligman, 1975）は，イヌをハンモックに吊して移動できないようにし，電気ショックに対して自ら逃げることができない状況を繰り返し経験させた場合，その後にハンモックから降ろし，電気ショックから容易に逃げることができるような状況においた場合にも，そのイヌは自分からは逃げようとしなかったことを報告している．これは，自分の行動が結果を統制することができず無力であることを繰り返し経験したために，**学習性無力感**（learned helplessness）を獲得してしまい無気力になったのだと

図25　コントロール幻想

自分で選ぶ条件	自分で選べない条件
箱の中から宝くじを自分で1枚選び出します．	他の人が選んだ宝くじを1枚受け取ります．

考えられている。周りからは「やればできるのに」と思う状況であってもやろうとしないのである。

　人にとって、物事を内的に統制していることは望ましいので、内的な統制は過剰に知覚される傾向があり、実際には内的に統制されていない事柄まで内的に統制できると知覚することさえある。これは**コントロール幻想**（illusion of control）とよばれる。ランガー（Langer, 1975）は、1枚1ドルの宝くじを実験材料として、ある実験参加者たちには本人に選ばせることなく他者が選んだ1枚を渡し、別の実験参加者たちには箱の中から自分自身で1枚を選ばせた。その後、別の人がその宝くじを売って欲しいと望んでいると伝え、手元にある宝くじをいくらなら売るかという金額を回答させている（図25）。その結果、他者が選んだ宝くじを持つ群は平均1.96ドルであったのに対し、自分で選んだ宝くじを持つ群は平均8.67ドルであり、売るのを断った人も多かった。このような差は、自分で選んだ宝くじの方が当たりやすいというコントロール幻想が生じたためだと考えられている。これと同じように、手渡された宝くじの札に番号が書いてあるよりも、自分で番号を選ぶ宝くじの方が当たりやすいと思うのである。

　ただし、悪い出来事が起きた時の帰属は例外である。人は、自分が周囲の環境に対して望ましい方向に統制できることを期待しているが、望ましくない結果がもたらされた場合には、それを自分のせいだとは考えたくないものである。このように、成功は内的に帰属しやすく、失敗は外的に帰属しやすい傾向を**セルフサービングバイアス**（self-serving bias）とよぶ。例えば、テストで良い成

績だった時は自分の能力や努力のおかげだと思うが，成績が悪かった場合には課題の難しさや運が悪かったため，と思うのである．

それでは，自分の力で成功する経験ばかりさせて自信をつけさせることは，常に良いことといえるだろうか．例えば，子供が失敗して落ち込むところはかわいそうで見ていられないからといって，失敗しないように援助することは教育的に良い効果をもたらすだろうか．

ドゥエック（Dweck, 1975）は，すぐに失敗すると思いこみ，失敗すると落ち込んでしまう子供を対象に実験を行った．成功ばかり経験させて自信をつけさせる群と，時々失敗を経験させるがその原因を努力不足なところに帰属させる群とをつくった．その結果，失敗を努力不足に帰属させた群の方が，その後の失敗にも成績が落ち込まず，がんばり続けていたのである．失敗を経験させて，それを努力という自分の意志でコントロールできるところに帰属させることは，失敗に負けずやる気を維持させるための一つのカギとなるようである．

■ 7-2 他者の期待が自己になる

見方によっては，人は生まれながらに主体的な存在である．赤ん坊であれば夜中であっても大声で泣き出し，畳の上でもお漏らししてしまう．自由で主体的な行動をするものである．しかし，社会でうまく生活していくためには，そのように勝手なままの主体的な存在では困ってしまう．他者や集団，社会から期待されるような行動や考え方を身に付けてもらわなければ，周りの人たちも

図26　報酬による内発的動機の低下

困るし，いずれは本人も困ってしまうはずである。

では，他者からの期待はどのように行為者本人へと届いていくのだろうか。最初は他者からの期待だったものが，本人の主体的な行動になることはあるのだろうか。

内発的動機づけ

イヌに「おすわり」を教えたいのであれば，まずはエサを用意し，「おすわり」をしたときにエサをあげればよい。人間の場合にも，「じゃあ，できたらご褒美あげるからやってごらん」と言えば，夢中でがんばる子供もいる。罰も同じである。サボれば罰を受けるので掃除をする，スピード違反は罰金なのでゆっくり運転する，ということがある。このように，外から与えた報酬や罰によって行動が生じているのは，**外発的動機づけ**（extrinsic motivation）によるものと考えられる。

一方で，「ただ自分がやりたいから」とか，「結果は関係ない」などのように，報酬や罰とは無関係に自分から進んで行動する場合もある。これは**内発的動機づけ**（intrinsic motivation）による場合である。内発的に動機づけられている場合には，報酬や罰を与え続ける必要もなく，監督者がにらみを利かせ続ける必要もない。また，行動のレベルが期待される基準をすでにクリアしていたとしても，自分なりの満足を求めて，より高いレベルまで極めようとするなどの特徴もある。

そして，さらにやる気を高めようとして報酬や罰を与えると，むしろよくな

い影響を与える場合がある。レッパーら (Lepper, Greene, & Nisbett, 1973) は，幼稚園児を実験対象として，絵を描くことに対してご褒美をあげた場合に，それ以前と比べて絵を描く時間が増えるかどうかを検討した。すると，ご褒美をもらえる間は良いが，もらえなくなってからは，自発的に絵を描く時間が以前よりむしろ減ってしまうことが分かったのである。

ただし，報酬や罰が内発的動機づけを低下させるのは，最初からその課題に対する興味がある程度高い場合に限られる。教育場面では内発的動機づけの長所が特に注目され，レッパーらの研究の影響もあって勉強をさせるための報酬や罰を用いることを避ける傾向もあった。しかし，全然やる気がでないような勉強や仕事の場合は，報酬や罰を用いることによって，むしろ内発的動機づけが高まることも分かっている (図26)。

模擬監獄実験

ジンバルドの模擬監獄実験 (Haney, Banks, & Zimbardo, 1973) は社会心理学史上で最も有名な実験の1つであると言ってよいだろう。たとえるなら，「先生とよばれるようになってから急に偉そうになった」などということが本当にありうるのか確かめた実験である。

この実験は，新聞での募集に応募してきた実験参加者たちをランダムに2つの群に分け，一方に看守役，もう一方に囚人役を割り当て，大学内に作った模擬監獄内で過ごしてもらうというものである。囚人役となった参加者たちは，自宅まで来た警察官に逮捕されるところから実験は始まる。その後，監獄に収容され，前後に番号が書かれた囚人服を着せられ，よぶ時には名前ではなく番号でよばれる。一方の看守役は制服を着て，サングラスや警棒などを身に付ける。

実験を続けた結果，看守と囚人という役割は予想以上に実験参加者の内面に浸透していき，看守役は横暴になり，囚人役は服従的で卑屈になるという，極めて激しい人格の変化が生じていった。囚人役の中には抑うつ状態や，心因性の発疹が出た者までおり，当初の予定を繰り上げて，6日目で実験を中止することになった。

この実験では，実験参加者の本来の名前を呼び合うこともなく，家にも帰ら

せずに日常とはかけ離れた内容の役割を演じさせるという，非常に特殊な状況がつくりだされている。したがって，一般的な職業などの役割を与えられることでこのような急激な人格変化が誰にでも生じるという訳ではない。むしろ，人格の変化はあったとしても日常ではおそらくほんのわずかであろう。しかし，この実験結果から分かることは，たとえ最初は役割を演じているだけであっても，集団の中で期待されていた態度や行動は次第に内面化し，自分から進んで主体的に行動する傾向があるということである。

他者からの期待を受け入れる葛藤

人から「やれ！」と言われても素直にできなかったり，仕方なくしたがっても「その時だけ」だったりする。しかし，やっているうちに嫌ではなくなる時もある。他者や集団からの期待に沿って行動することは，葛藤する場合もあれば，それが内面化する場合もある。

葛藤する理由は，他者から期待されるとおりに「ならない」方が，自己が主体的で自由な存在であると感じやすいからである。例えば，2，3歳の第一次反抗期にある子供にとっては，親から言われたことに反抗することこそが自己の主体性を確認するためにも重要なのである。また，他者から「嫌いな食べ物を好きになれ」と言われても，むしろ余計に嫌いになってしまうこともある。これは**ブーメラン効果**（boomerang effect）とよばれる。押しつけ過ぎるのは逆効果ということである。

では，他者からの期待が行為者に内面化されるまでは，じっと待っているしかないのであろうか。内面化しやすくする工夫はできないか。

キングとジャニス（King & Janis, 1956）は，他者から依頼された内容の意見を人前で発表する際に，どうすればその意見が内面化して本当に自分の意見となるかを検討した。ある話題についての主張を他者に対してするよう依頼されるが，その際に，ある条件では，用意された原稿どおりに意見を読み上げることを依頼され，もう1つの条件では，どのように人に話すかを自分で即興的に考えて説明をつくりだしながら役割演技することを依頼された。その結果，後者の条件の方が，依頼された意見の方向に本人の意見も変容していたのである（図27）。

マニュアル化されていることを人前でいくら実行しても，それを「私らしい！」とはなかなか思えない。退屈でやりがいも感じにくいはずである。「期待されてやり始めた仕事だが，今ではこれが私らしい！」と，馴染んでくるためには，他者の期待に沿いながらも，本人自身がアレンジを加えるような柔軟なシステムが必要なのである。例えば，嫌いな教科の勉強をさせるためには，勉強方法を本人に決めさせた方が良いだろう。また，商品のネーミングや宣伝に使うキャッチコピー，トレードマークを募集すると，多くの人がその商品の良さを念頭において自分なりのアイデアを考えてみるものである。これはアイデアを練った人たちに商品の良さを広く浸透させるためによく使われる方法である。

■ 7-3　自己を一貫して安定的に顧みたい

　主体的な自己を顧みた場合には，その姿を矛盾無く一貫させてとらえ続けようとする傾向がある。それが，「私はいつもこんな性格だ」「私は昔からこれが好きだ」などのような一貫した自分らしさにもつながってくる。

認知的不協和理論

　「タバコの値段が上がったから禁煙することにした」と聞けば，なるほどと思うが，「タバコの値段が上がったからタバコを吸い続けることにした」と聞けば，「えっ！　なんで？」と詳しい理由を聞きたくなる。人は，自分が知っているこ

図27　意見を内面化させる実験

との中に不協和，矛盾があることを嫌い，それを減らそうと努力する傾向があるということである。**フェスティンガー**（Festinger, 1957）は，これを**認知的不協和**（cognitive dissonance）理論としてまとめている。「タバコを吸い続けることで，お金持ちであることを見せつけたい」とか，「多く買い続けてタバコ業界を守らなければ」などと聞けば，不協和は減って「なるほど」と思うものである。

　不協和を嫌がるのは他者のことだけでない。自己自身のことにも不協和があれば嫌なのである。「私はガンになりたくない」と思っているのに「私はタバコをよく吸う」のであったら，これらの2つの事柄は矛盾している。この矛盾を減らすためには，自分の行動を変えて「禁煙する」という以外に，「タバコを吸っていてもガンにならない人がいる」と考えて，2つの事柄の関係を無くそうと試みたり，「タバコを吸うことで仕事の能率が上がる」という別の利点に目を向けたりして不協和を減らそうと努力するのである。

　客観的に見れば自分の行動に矛盾がある場合でも，その行動に対して報酬や罰が与えられる場合には不協和は減少する。では，もしあなたの周りに，まだこの本を読んでいない人で以下の研究を知らない人がいたら，次のような実験の内容を聞かせてどういう結果になったと思うか予測させてみて欲しい。**フェスティンガー**と**カールスミス**（Festinger & Carlsmith, 1959）が行った実験であり，一般的な予想と違った結果であるところが興味深い実験である。

　まず，実験参加者には非常に退屈な作業をさせる。12個の糸巻きを片手で一つ一つ皿の上にのせ，今度は一つ一つ皿から降ろす。それを30分間繰り返し，

次に，48個の四角いつまみを時計回りに90度ずつ回転させていく作業を30分間続けるのである。そして作業が終わった後，次に実験するために待機している参加者に，「作業は非常に楽しく，興味深かった」と伝えるよう依頼をし，その依頼を受けてくれたお礼として1ドル，もしくは20ドルの報酬を与えるのである。待機している人への説明を依頼したとおりにしてもらった後に，「実験が楽しく興味深かったか」という質問をして，その時点での実験参加者の気持ちを測定する。その結果，実験は本当に楽しく興味深かったと回答したのは，1ドルしかもらわなかった者か，それとも20ドルももらった者だろうか（図28）。

20ドルをもらった参加者の方が，実験を楽しく興味深かったと感じたように想像する人も多いかもしれないが，この実験を紹介する前に述べた，「…その行動に対して報酬や罰が与えられる場合には不協和は減少する」という説明を思い出してみれば正しい結果は予測できるはずである。非常に退屈な作業を1時間もやらされた後に，「作業は非常に楽しく，興味深かった」と言ったことはもちろん矛盾している。しかし，20ドルをもらっていれば，「20ドルもらったから仕方なく言ったのだ」と自分を納得させることができ，不協和は減る。一方，1ドルしかもらっていなければ不協和を減らすことはできない。他者に向かって言ってしまった事実も変えることはできないので，「作業は楽しく興味深かった」と自分の気持ちの方を変えることで不協和を解消するしかなかったのである。

この実験では，1ドルしかもらっていない者は，「作業は楽しく興味深かっ

図28 認知的不協和を検討する実験

た」と態度を変化させることで不協和を減らすことができたが，簡単には変えられないこともある。特にみんな，「自分らしい」と感じるような価値観との間に不協和が生じた場合には，他を変化させることで不協和を減らし，自分らしさは残そうとするものである。

態度の一貫性

　態度という語は，日常では一般に物事に対する言葉や動作，表情を指し，「態度が悪い」などと用いることもあるが，社会心理学では，環境にどのように関わろうとしているかという心理的な構えのことを**態度**（attitude）とよんでいる。

　ローゼンバーグと**ホヴランド**（Rosenberg & Hovland, 1960）は，態度には感情と認知，行動という3つの成分が含まれているとした。「やるつもりだったが実際にはなかなかできない」，「あいつは嫌いだが優れたところもある」などのように，ずれることもあるからこそ成分として分ける意味があるが，多くの場合には，「好き-嫌い」のような感情的成分と，知識に基づいた「良い-悪い」のような認知的成分，「接近-回避」のような行動的成分が，すべて一致していく傾向がある。例えば，体に良い食品と知ればそれが好きになったり，「あばたもえくぼ」というように，好きになってしまえば欠点も良いところとして理解するなどのような傾向がある。

　また，ある対象（X）への態度は，別の他者（O）がその対象に向けている態度からも影響を受けており，**ハイダー**（Heider, 1958）の**均衡理論**（balance theory）によれば，それらは均衡状態になる傾向がある（図29）。自分がある

対象を好きな場合，自分が好きな他者もそれが好きであれば均衡状態であるが，もし嫌いであったら不均衡状態である。その場合は，何とか好きになってもらえるよう，対象の魅力を説明したり，あきらめて自分もその対象を嫌いになったり，もしくは他者を嫌いになることで均衡状態になろうとする。

説　　得

　自己の態度が安定しがちであり一貫させようとする傾向があることを利用した，説得のテクニックが実験的に検討されている。

　1つは**フット・イン・ザ・ドア**（foot-in-the-door）である。これは**段階的要請法**ともよばれる。「お金を寄付して下さい」といきなり頼んでも受け入れてもらえないが，「署名して下さい」という小さなお願いを受け入れてもらってから，「お金を寄付して下さい」と頼んだ方が成功するのである。最初の小さなお願いに応えたという自分の態度と一貫させようとするために，後の大きなお願いにも応えてしまうということである。セールスマンにとっては，玄関に入らせてもらうだけでも小さな要請が受け入れられたということであり，その後の要請を受け入れられやすくなる。それがフット・イン・ザ・ドアという名称の由来である。「ちょっと話を聞いてもらうだけでかまいませんから」という要請が最初の一歩なのである。

　ローボール（low-ball）というテクニックも態度を一貫させようとする傾向を利用したものと言える。これは**承諾先取法**ともよばれ，キャッチボールで言えば，最初に低く取りやすいボールを投げて受け取らせることで，次に投げた

図29　均衡理論

高く取りにくいボールまでも取ろうとしてもらう，ということである。断られやすい条件を含む依頼は，最初からその条件を説明するのではなく，承諾をもらった後に知らせる。例えば，心理学の実験に参加してもらうお願いをする場合であれば，集合時間が朝早いことを言わずに承諾を得て，その後に「朝は7時に集合です」と知らせるのである。また，悪い条件を隠しておくだけでなく，良い条件を後から取り去る場合もあり，いずれも悪質に使われる場合も考えられるので利用にも注意が必要である。

フット・イン・ザ・ドアとローボールは似ているテクニックであるが，フット・イン・ザ・ドアでは2つのお願いをし，ローボールでは1つのお願いについて条件を取捨するところで区別できる。

自己の一貫性と環境への適応

自分は自分のまま変わらないでいたい，と思うこともあるだろう。「さっき自分で言ったことと矛盾しているなー」と気づくと自分でも嫌な気分であり，極端な例で言えば，「洗脳されてしまう」ことを怖いと感じるのも，自己の主体性を一貫して顧みたいと思っているからである。

このような傾向は，**自己確証**（self-verification）**動機**にもあらわれている。自分が思っているような自己であることを確認できるように社会的環境と関わっていく，というものである。**スワン**と**ヒル**（Swann & Hill, 1982）の実験では，自分で思っている自己の性格と一致した内容を他者から指摘された場合には，その性格を特に行動であらわすことはしないが，一致しない内容を指摘

された場合には，実験の後半では自分で思っている性格と一致するような行動を多く生起させていた。例えば，自分では「自分は控えめだ」と思っているのに，他者から「意外と積極的だね」と言われると何だか嫌で，その後はできるだけ控えめなところを見せようと，あまり会話もせずに静かにしている，ということである。これは自己確証動機の存在を示す一例であると言える。

しかし一方で，現代社会で生活するわれわれは複数の重複した関係性を持っている。例えば，家では子供の一人として振る舞い，学校ではサークルのリーダーとして集団を率い，アルバイト先では先輩社員に教えを請う，といった複雑な人間関係を渡り歩いている。このような社会で適切に生活するためには，その場その場でカメレオンのように自分を変え，期待に沿う行動をする必要があるのも事実である。

「自分の行動は適切であるか？」，「この場で期待されているものであるか？」，「周囲の反応はどうか？」などに関心をもち，それに基づいて自分の行動を調節していくことを**セルフモニタリング**（self-monitoring）とよぶ。セルフモニタリングの程度には個人差があり，それを測定する尺度には例えば，「本当は楽しくなくても楽しそうに振る舞うことがよくある」というような質問項目が含まれている。このような傾向が強い人は**高モニター**（high self-monitors）とよばれ，状況に合わせて柔軟に適応する自己像をもっている。

さらに，期待された通りに振る舞うことが他者からの評価を高くすることは当然であるが，自分自身からの評価も高まるようである。**吉田・高井**（2008）の調査では，さまざまな場面で期待される自己へと変化させているほど自己評価が高くなることが報告されている。

このように，現代社会では，周囲に合わせて自分を変えることが上手にできる方が良いようにも思えてくる。ところが，場面によって自己が一貫していないことは精神的健康に悪影響を与えることもある。**ドナヒュー**ら（Donahue, Robins, Roberts, & John, 1993）の調査では，場面によって自分の性格を変化させているほど，抑うつ的になるなどの傾向があったことが報告されている。

現代社会のような複雑な人間関係の中に生きるわれわれは，その場その場で自分を変えて適応することと，自己の一貫性を保つことという，両立の難しい非常に困難な問題を抱えていると言える。

8 対象としての自己を顧みる

　集団ができると，集団目標を達成させるために一人一人に何かが期待されることになる。例えば，バスケットボールのチームであれば，ジャンプ力があり，ドリブルが上手であることなどが期待される。同じように，われわれの社会全体も大きな集団である。平和で豊かな生活をみんなが得るために，マナーを守ることや，社会のためになる仕事をすることが一人一人に期待されている。そしてわれわれは集団全体の立場に立ち，自己に対してそれらを期待するからこそ，「私はその期待に応えているか？」という自己への評価が始まるのである。逆に言うと，集団目標を共有している意識が弱くなれば，自己自身への期待も弱くなり，あまり評価しなくなる。「バスケットボールの試合に勝つぞ！」という目標の共有が弱くなると，「私はドリブルが下手だ」ということもあまり気にしなくなる。

■ 8-1　自己を肯定的に顧みたい

　自分ひとりで「魚を捕りたいなあ」と思っていて，実際に魚が捕れた時，嬉しいかもしれないが自己を肯定的に顧みるとは限らない。一方で，みんなが「目の前の天敵を倒したい！」と思っている時に，自分の放った矢が天敵の急所を射止めた時には，みんなが自分をほめるのと同じように，自己を肯定的に顧みることになる。

自尊心

　人は誰しも，自分が価値のある人間であり，肯定的に評価できる人間であると感じていたい。これは**自尊心**（または**自尊感情**：self-esteem）をもとうとし

ているからである。しかし、「自分はダメ人間だ」と思ってしまい、自尊心を維持することができない場合には、落ち込んだり抑うつ的になったりと苦しさを感じるものである。

かつてジェームズ（James, 1892）は、「自尊心＝成功／願望」という公式をあらわした。分母である「願望」、つまりどのような自分を期待するかという理想の基準が変わることによっても、自尊心が変動することが分かる。例えば、全国大会への出場を目標としていた人は、全国大会の初戦で敗退でも満足であるが、全国大会で優勝することを目標としていた人はそれでは自尊心が低下するはずである。このような自尊心の基本的な考え方は現代の社会心理学においても踏襲されている。

「自分のことを考えると、つい暗くなってしまう」というのは、理想と現実とのギャップが自尊心を低下させるからである。集団全体の立場からの期待や理想、目標に敏感であることが集団の一員として生きていくために重要であると述べたが、あまりに敏感であると、理想と現実とのギャップに気づきやすく、落ち込みやすいことになる。しかし、それを回復して自尊心を高めようとする動機もある。すなわち、**自己高揚動機**（self-enhancement motive）である。この動機が期待や理想へと現実の自分を近づける主体的な行動を生み出し、集団の期待するような肯定的な自己に向かわせる原動力となるのである。自己を顧みるということは、自尊心の低下と主体的行動の生起という相異なる結果を合わせもっていると言える。

ではなぜ人には自尊心などというものがあり、また、なぜ人は自尊心を維持、

図30　自覚状態の高まり

高揚しようとするのだろうか。人は太古の時代から，厳しい環境の中を集団で助け合うことで生き抜いてきた。それゆえに，集団から自己に対して何が期待され，自己がそれに応えているか，ということに鈍感ではいられない。つまり，自己が何をすべきかという行動の指針を得る際に，集団の立場からみて価値ある存在であるかを計る**ソシオメーター**（sociometer: Leary, Tambor, Terdal, & Downs, 1995）を持つ必要があり，期待される理想と現状の自己とのギャップとの関わりから自己を対象化する必要があった，と考えられている。つまり，自己を顧みたときにたまたまギャップを感じて落ち込んでしまうのではなく，ギャップを感じる必要があって自己を顧みるようになったのであるから，落ち込みやすいのは当然なのである。

自覚理論

お酒を飲んで酔っていても，トイレで鏡を見て急にさめることがある。鏡を見たり，ビデオに撮られた自分の姿や録音された声を聴いたりした時に，自分自身に注意が向けられる状態，すなわち**自覚状態**（self-awareness）がつくられるからである。

ウィックランド（Wicklund, 1975）は，自覚状態で生じる行動について**客体的自覚理論**（theory of objective self-awareness）にまとめている。鏡やビデオに撮られた自分に注意が向けられると，自分に期待される理想と現実とのギャップに気づく。それによって自尊心が低下した際には，不快を一時的に低減するために，鏡やカメラを避けたり，お酒を飲むことで自己に注意が向かな

客観的に見ると、
理想の自分と現実の自分とのギャップが見えてしまい、
不快になるのです。

理想
↕
現実

鏡の前では、
不快さを減らそうとして
悪い行いはせず、
現実の自分を高めようとします。

いようにしたり，注意を外部に向けるためにテレビや音楽に集中したりする方略がとられることがあるという。また，抑うつ傾向のある人は，失敗した後にもこのような方略をとらず，自己に注意を向け続ける傾向がある。

自覚状態が，理想と現実とのギャップに注意を向けることそのものであることを利用すると，鏡という存在が，自己の行動を期待される方向へと向かわせる**自己制御**（self-regulation）に貢献することが分かる（図30）。ビーマンら（Beaman, Klentz, Diener, & Svanum, 1979）がハロウィンの日に行った実験では，子供たちがお菓子をねだって近所の家をまわる際に，お菓子は「ひとり1つ」と決められていても守らずたくさん取る子供もいるが，お菓子のテーブルの後ろに大きな鏡を置いた場合には言いつけを守る子供が増えたという。

禁煙やダイエットは日記を書くことで成功しやすくなるのも類似した仕組みである。逆に，お酒を飲むことでそれらを失敗しやすくなることは想像に難くない。いずれも自覚状態が変化するからである。

■ 8-2　肯定的な自己を顧みるために

他者と目標を共有していれば，自分にだけではなく他者にも同じように期待がかけられている。したがって自己の評価は，他者と比べられながら決まってくるところがある。自己の評価が肯定的でありたいと望む気持ちから，以下のようなさまざまな心理的現象が生じる。

セルフ・ハンディキャッピング

自己の評価を高めるためにしばしば利用される方法に**セルフ・ハンディキャッピング**（self-handicapping）というものがある。これは，課題などを行う前に，自分にとって不利な条件であることを他者に説明したり，ときには不利な条件を自らつくりだしたりすることである。例えば，テストの前に「今日は風邪を引いて頭がぼーっとするなあ」と友達に言うことや，校庭を一周走る競争の場合であれば，「僕が，不利な外側からのスタートでいいよ」といって遠慮することにより，自分が不利なことを明らかにするのである。これによって，課題がうまくいかず成績が悪かった場合には，不利な条件であったことが言い

訳になって自己評価は低下せずに済み，成績が良かった場合には，不利な条件であったことが上乗せされ，自己評価は余計に高まることになる。いずれの場合にも自己にとって良い効果をもつため，日常ではよく利用される方法である。

セルフ・ハンディキャッピングには，課題を遂行する時に言い訳をする方法や，ライバルよりも困難な課題環境を選択する方法以外にも，事前の努力をわざと怠るという方法もあると考えられる。自己の実力が明らかになるのを恐れるあまりに，本当に能力が低下していく危険性もある。

ポジティブ幻想

「自分の能力が上位何パーセントだと思うか」と，全員に質問した場合，もし全員が自分の能力を客観的に正確に評価していれば，全員の回答を平均すると50％になるはずである。しかし実際に試してみると，その値は50％より小さくなる。すなわち，人は自分のことを実際以上に肯定的に認知する傾向がある。これを**ポジティブ幻想**（positive illusion）とよぶ。同様に，他者からの評価と自己評価とを比べた場合にも，平均すると自己評価の方が高くなる。「あの人は△△だ」と思われている人も，本人は「私は○○だ」と肯定的に思っているのである。

また，ポジティブ幻想は客観的な程度が明らかになりにくい次元で生じやすいことも分かっている。例えば，100メートル走のタイムよりも，自分の人柄の良さや顔の魅力，洋服のセンス，車の運転テクニックの方が，自分が優れていると判断しやすいのである。

このようなポジティブ幻想は精神的に健康な人にはごく一般的にみられるものである。自己を実際よりも肯定的にとらえるのは，逆に言えば，人に自己高揚動機が存在することの証拠といえる。自己をできるだけ肯定的にとらえたいのである。

社会的比較

「こんな格好で，今夜のパーティーに行って良いのか？」と不安になった時，一緒に参加する友達に「ねえ，どんな服で行く？」とたずねたくなる。われわれは自分と他者とを比較することがよくあるが，そのような**社会的比較**（social comparison）の過程は**フェスティンガー**（Festinger, 1954）によって理論化されている。

　社会的比較過程にはいくつかの機能が含まれている。その1つは，パーティーに行く時の服装のように，自己の態度や行動が妥当であるかを評価する機能である。しかし，このような時にもむやみにインターネットで調べても安心できるものではなく，やはり同じパーティーに参加する他者との比較が必要である。つまり，同じ課題に同じように関わることが期待される他者との比較によって，自己の態度の妥当性や能力の評価が行われるのである。

　また，自分の能力がどの程度であるかも他者と比較したいものである。この場合にも，同じ課題に同じように関わることが期待される他者と比較する必要があるのは言うまでもない。自分の能力を赤ちゃんと比べても自己評価は高まらないであろう。例えば，学校での勉強の成績は，勉強の内容が学年ごとに全国一律で決まっているので学年内で比較するのが当たり前である。しかし社会人になると，期待される仕事の能力が年齢ごとに全国で決まっているわけではないので，同じ年齢同士で比較するという動機は弱くなる。

　そして，他者と能力を比較する過程で，自己評価を維持・高揚させる機能は**下方比較**（downward comparison）によって果たされる。「あの人に比べたら私はまだマシな方だ」と，能力の低い人と比べることで，相対的に肯定的な自己評価が一時的には得られるのである。

　しかし一方で，自分より優れた他者と比較することもあり，これは**上方比較**（upward comparison）とよばれる。「いつかはあんな風になりたいなあ」と，

図31　比較過程と反映過程

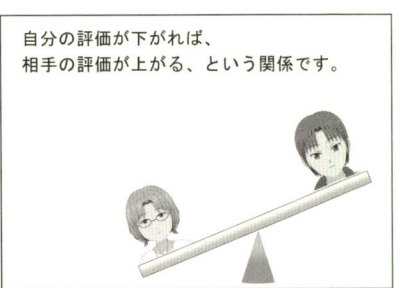

望ましい状態の他者を目標として「追いつけ，追い越せ」と自分を向上させるよう動機づけることになる。この機能は，自己の評価を高めるような努力をもたらして自己高揚動機を満たすことになる可能性をもつが，短期的には自己の至らなさ，目標と現実との差を直視することにもなる。そのため，安易に下方比較をしたくなるが，長期的には上方比較が重要な意味をもつといえる。

自己評価維持理論

「得意科目の数学だけは負けたくなかったのに，今回のテストでは親しい友人に負けてしまった」。このような場合には自己評価が低下して非常にくやしいものである。そこには，相手が他ならぬ「親しい友人」であり，「負けたくない自信のあった教科」だったのに，「負けた」，という3つの要素が揃っており，それがくやしさを高めている理由である。つまり，相手と仲が良く**心理的距離**（closeness）が近いこと，自分にとって重要な教科で**関連性**（relevance）が高かったこと，自分の**遂行**（performance）が相手より低かったこと，である。

テッサーとキャンベル（Tesser & Campbell, 1982）が提唱した**自己評価維持理論**（self-evaluation maintenance theory）によれば，このような場合には，自己評価を維持するために次のようなことが起きる可能性がある。まず，その友人と疎遠になっていく，つまり，心理的距離をとって自分を傷つけないようにするのである。また，負けた教科が自分にとってあまり重要ではないと思い直す。つまり数学という教科の自己との関連性を低める。さらに，努力して次のテストでは勝てるように遂行を高める。これらのような変化である。いずれ

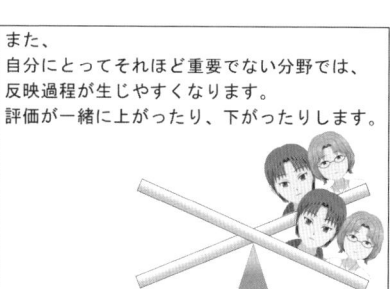

かを実行することで自己への脅威は低下する。

　また，心理的に近い他者との関係からは，2つの過程で自己評価に影響を受けると考えられている。例えば，自分の兄弟とは「勝った，負けた」のライバル関係になる場合もあるが，同時に，兄弟が表彰された時に自分も鼻が高いと感じることもあるだろう。前者は**比較過程**（comparison process）であり，後者は**反映過程**（reflection process）である。特に，自己にとって重要な関連性の高い分野において比較過程が生じやすく，その場合，他者の遂行の程度と自己評価とは逆の関係になる。したがって，自分に関連性の高い分野であるほど，親しい友人の成績を低く，歪めて認知したり，あえて親しい友人に手助けをしない，などのことが起こりうる。一方，自己にとってそれ程重要でなく関連性の低い分野においては反映過程が生じやすく，その場合は他者の遂行と自己評価とは正の関係となる（図31）。

自己査定

　自分の車の運転能力を過信してスピードを出し過ぎれば，カーブで曲がりきれずに事故を起こしてしまう。また，自分の能力を低く見積もるあまりに，せっかくのチャンスを諦めてしまう場合もある。つまり，環境に適応するためには，自分の能力や属性を客観的に正しく知り，自身を正確に査定する必要があるということである。

　しかし，自己を正しく知ろうと**自己査定**（self-assessment）する際には，すでに紹介したような自己確証動機や自己高揚動機とぶつかり合って葛藤することも考えられる。例えば，自分らしくない言動をしてしまい自分では恥ずかしく，後悔している出来事であっても，その行動で利益を得たり他者からの評価が高かったりした場合には，よく確認してそれを修得しておく必要もあるだろう。また，恋人にふられた時や，面接試験で不採用だった場合など，実際には，その理由を聞いておけば次回に役立つが，聞けば自分の欠点を認めざるを得なくなり，聞きたくない気持ちもある。

　つまり，自己確証動機に基づいて自分らしさを大事にしすぎたり，自己高揚動機に基づいて変なプライドを持って格好つけすぎたりすれば，環境に適応できなくなり損することもあるだろう。そこで重要なのが自己査定である。環境

との関わりの結果から得られる自己の姿を知ることで，見たくない自分の姿を認めるきっかけにもなるのである。

9 自分のことと，集団のこと

自分を大事にしようとすると，集団とぶつかってしまうことがある。集団活動の中で自己を顧みるようになると，「自分はこうありたい！」というさまざまな動機と，集団での課題を効率的に遂行しようとすることとがぶつかり合う場合がある。そのような葛藤がどのように生じ，どのように調整されるかを紹介する。

9-1 集団過程でぶつかる2つの側面

みんなで行う仕事やスポーツについて，「できる限りがんばりたい」と思うと同時に，「がんばることが周りからどう思われるか」が気になることがある。そんな時には，力を出し切らずにセーブして無難に終わろうとしてしまう事もある。

役割と地位の分化

長い廊下をひとりで拭き掃除している人から「手伝って」と言われたら，自分も廊下を同じように拭き始めることになるだろう。仕事は1つしかなく，課題の構造上，2人で異なる仕事ができるように分離させることは困難である。しかし，夕食の準備をしている人の手伝いをする場合にはどうだろうか。「じゃあ一緒にジャガイモの皮をむいて」と，同じ仕事を頼まれることもあるが，多くの場合は，「あなたはサラダを作って」とか，「あなたはテーブルにお箸を並べて」などと，違う仕事を頼まれる。つまり，成員が異なる役割を分担しながら集団目標の達成を目指す，分業の体制がとられることになる。

役割分担する理由は，それによって課題遂行を効率的に行うことができるよ

うになるからである．もし包丁が1本しかなかったら，材料を切る作業を2人で平行することはできず，役割を分担する方が良いのは言うまでもない．また，「カボチャを切る」ような力仕事が得意な人と，お皿に料理をきれいに盛りつけるという仕事が得意な人とが別の可能性がある．その場合には，向いている人をそれぞれ適所に配置した方が効率的である．

また，何度も同じ仕事を繰り返していると，要領が分かってきて無駄が省かれ，技術も磨かれて仕事のレベルが上がってくるものである．つまり，役割分担によって成員それぞれの専門性が高まって集団全体の生産性が上がると考えられる．そうなるためには，どのように仕事を分離させればよいかを吟味する必要がある．例えば，大きなスーパーではレジを打つ店員と，品出し・接客をする店員は別である方が効率的な場合が多いが，小規模な小売店やコンビニエンスストアではひとりで両方の仕事をかけもつ方が効率的な場合も多いであろう．

一般には，役割分担することは集団全体の効率を高めるため分業が次第に進んでいくが，同時に，集団での位置をあらわす，すなわち**地位**（status）も分かれていくことになる．影響力の大きい役割は相対的に高い地位につくことになり，威光を伴うようになる．

分配の原理

みんなで仕事をした後の給料やご褒美，お礼をどのように配るか悩んだことはないだろうか．実は，集団目標に対してシビアになるほど，相手によって差をつけた分配をするようになる．

ビジネスの場では，良いアイデアを出した人や商品を多く売った人に多くの給料が支払われるということは珍しくない．これが「衡平」という原理にもとづいた報酬の分配であることはすでに述べた．集団では，課題を遂行して目標に達することが重要な状況になるほど，「貢献した人に高い給料を」という衡平原理は採用されやすくなる．

古川（1983）は，実験参加者に企業の管理者となったことを想定させ，部下職員の昇給率を決める課題を行った．その際に，集団全体の「業績が向上」するよう指示された場合ほど，個人の貢献度に応じた衡平な分配を採用する傾向

が強かったのである。

　衡平という原理は幅広い人間関係において見出されるものであるが，これが唯一の原理というわけではない。**ドイチュ**（Deutsch, 1975）は衡平原理の他に，**平等**（equality）原理や**必要**（need）原理があると指摘した。平等原理に基づいた場合には，仕事量に差があってもみんなで同じ量の報酬を分配し，また，予定の給料が違っていてもみんなで同じだけ仕事をしようとする。これは仲の良い友人関係などで採用されやすい原理である。必要原理では，仕事量にかかわらず，報酬を必要とする人に必要な量を分配する。例えば，「育ち盛りだから」などのように，家族の中では必要原理に沿って子供を優遇する場合も多い。

　また，みんなが納得できる分配原理を探すのは意外に難しいものである。「お兄ちゃんの方がおかずが多くてずるい！」「僕がもらったんだから分けるのやだ！」「僕が一番好きなんだから僕にたくさんね！」と言われた場合に，どれも間違った分配であるとは言えず，みんなが納得できるかどうかが問題なのである。

　採用される原理は状況によっても変化し，混合的に利用される場合もある。例えば，普段は兄弟に同額のお小遣いを平等分配している家庭でも，学校で試験のある時だけは成績に応じた額を分配するという仕組みもありうるだろう。また，企業のような職業集団では，仕事量にかかわらず一定の給与額を分配する固定給と，仕事量や業績に応じた歩合給とを組み合わせていることも少なくない。ちなみに，年功序列に基づいた給与制度は，経験に伴って集団に貢献できる能力も自然に高まることを前提とした衡平原理と，年齢が高まることで一般に扶養家族が増えることを前提とした必要原理とで説明することもできる。

凝集性

　「集団が魅力的なので離れたくない」という結束力は一般に**凝集性**（cohesiveness）とよばれる。新入部員が入部した時には歓迎会をして仲良くなろうとしたり，社員旅行で親睦を深めようとしたりするのは，成員同士の仲が良い方が楽しいから，というだけでなく，凝集性を高めることで課題遂行のやる気が高まり生産性も上がる，と一般的に考えられているからである。

　凝集性が高い方が生産性を高めるかを検討した研究がいくつかあるが，実は，

その結果は一貫していない。逆に，仲が良い集団ほど生産性が下がる例も少なくないのである。「仲が良くて楽しいよねー」という雰囲気の集団では，むしろ目標を下げて，課題遂行をあまりがんばらないようにしてしまうのである。友人同士で楽しんでいたスポーツサークルで，「特訓して全国大会を目指そう！」と言い出したら，「何を張り切っているんだ？」と笑われてしまう。

では，なぜ仲が良い集団では，あまりがんばらないのであろうか。高い目標に向かってがんばることは，まず，能力の差が明確となる。例えば，マラソンでもペースが遅ければ差は開かないが，ペースを速めれば実力の差が出てくる。まわりに比べて自分が劣っていることがはっきりし始めれば，おもしろくなくなって集団を去りたくもなるだろう。また，効率良く課題遂行するために地位や役割の分化が生じることはすでに述べた。さらに，衡平分配の採用によって報酬の差も開いてくる。つまり，がんばろうとすれば，自分と他者とのいろいろな「違い」が目立ってくるのである。一方，仲良しを求める凝集性の高い情緒的な関係では，社会的実在性を得て妥当性を確かめ合うという側面があり，そこでは，互いに「似ていて分かり合える」ことが重要である。したがって，がんばることは，悪くすると集団内の人間関係をギスギスさせることになる。

凝集性の高い集団で生産が抑制された例としては，**カッチとフレンチ**（Coch & French, 1948）が報告した，あるアイロン掛け工場の事例が有名である。ひとりのアイロン掛け工員が集団の標準を越えて作業したことで悪者扱いされ，作業量を意図的に下げていたが，その後の配置換えによって2倍近い作業能率にはね上がった様子が報告されている（図32）。

図32　カッチとフレンチの調査結果

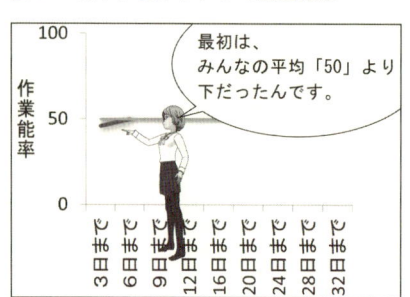

■ 9-2　集団と個人の葛藤を調整する

　個人と集団との間に生じるさまざまな問題を解決し，集団全体をうまく推し進めていくためにはリーダーシップが欠かせない。

リーダーシップ

　リーダーシップ（leadership）とは，集団目標を達成するよう集団活動に与えられる影響のことである。日常で「あの人はリーダーシップのとれる人だ」というと，選ばれたひとりのリーダーが他の成員をグイグイと引っ張っていく姿を想像するかもしれないが，本来リーダーシップとは集団成員の誰もが発揮できるものである。例えば，リーダーがみんなの意見をまとめて統率することはもちろんリーダーシップであるが，社員同士で「一緒にがんばろうよ」と励まし合うこともリーダーシップなのである。また，どのようなリーダーシップを受け入れるかは成員次第というところもあるため，リーダーシップはすべての集団成員が作り出しているといえる。

　初期の研究はリーダーそのものについて検討したものであった。では，あなたの周りにいる優れたリーダーを思い出して欲しい。そのリーダーが別の集団のリーダーになったとき，例えば自衛隊や，芸術家集団，幼稚園児のリーダーとしても優れているだろうか。このように，ある集団では良いリーダーとされている個人が，別の集団で良く評価されるとは限らないため，どのような個人がリーダーになりやすいかという問題から離れて，その後の研究では，リー

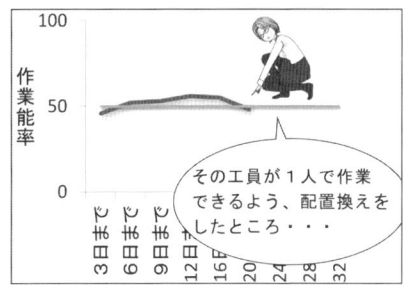

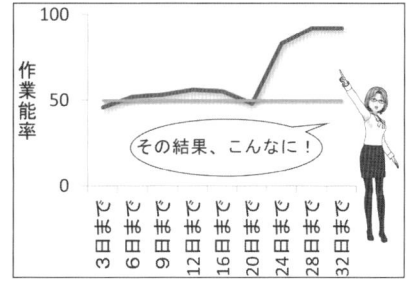

ダーが集団過程でどのような機能を果たしているか，という問題を扱うよう変わっていき，研究対象は徐々にリーダーシップへと移行したのである。

　リーダーシップの機能を2つのカテゴリーに分類した研究は少なくない。1つ目のカテゴリーは，目標に向かって課題遂行するよう集団成員を促す行動である。2つ目のカテゴリーは，集団成員の緊張をやわらげて友好的な関係を保つよう気遣う行動である。例えば，**三隅**（1978）は，前者のような課題達成機能を持つ行動をP（performance）行動，後者のような集団維持機能を持つ行動をM（maintenance）行動とよび，それを**PM理論**としてまとめている。職場でのP行動を測定する項目例としては，「あなたの上役は規則に決められた事柄にあなたが従うことをやかましくいいますか」「あなたの上役はあなた方の仕事に関してどの程度指示命令を与えますか」などがあり，M行動を測定する項目例には「あなたは，仕事のことであなたの上役と気軽に話し合うことができますか」「全般的にみてあなたの上役はあなたを支持してくれますか」などがある。

　集団成員にやる気が無い時はリーダーシップのP行動が必要な時である。目標の大事さを説いたり，ご褒美をちらつかせたりして，みんなをがんばらせる必要がある。そして，集団目標に向かうことですれ違いや差が生じてギスギスしてくる人間関係のメンテナンスがリーダーシップのM行動である。成員間に生じる差が，集団目標の達成のために仕方がないことであるのを納得させる仕事でもある。

　リーダーシップに2つの種類があると仮定されるようになると，状況によって適切なリーダーシップは異なるのではないか，と考えられるようになってくる。例えば，中学3年や高校3年のような受験がある学年では，否が応にも「勉強，勉強！」という雰囲気となるので，放っておいてもみんなが課題遂行に必死になる。そのため，教師に求められるリーダーシップはP行動よりも，相対的にM行動が重要になってくる。また，リーダーと成員との関係が非常に良好な場合と非常に悪い場合にはP型のリーダーシップが適しており，普通の場合にはM型のリーダーシップが適しているとする研究や，成員の意欲や能力が成熟していない場合にはP型のリーダーシップが必要であるが，成熟するにつれM型となり，さらに成熟するといずれのリーダーシップもあまり必要

でなくなるという研究もある。

10　集団間関係がつくる社会

　国と国との戦争から，隣のクラスとのケンカまで，集団と集団が敵対するのはなぜだろうか。「ある1つの土地をどちらの領土とするか」「このトロフィーをどちらのクラスが獲得するか」というように，具体的な報酬を取り合うような，環境への適応から敵対する場合ももちろんある。しかし理由がはっきりしない場合もある。つまり，「社会の中で，自分たちが○○に属する一員として位置づけられる」ということを大事にするために，集団同士が敵対することもある。

■ 10-1　仲間とそれ以外が存在することによって

　出会った時に，「○○に所属するAさん」と紹介を受けると，最初は「○○に所属するAさん」と「□□に所属する私」，だと思いながら接するが，その人柄が分かってくると，ただの「Aさん」と「私」として感じられる場合もある。しかし，何かの機会に，ああやっぱり「○○に所属するAさん」と「□□に所属する私」だ，と思い直すこともあるだろう。自分と他者とを個人として見る場合もあるが，どの団体や集団に属する人か，という観点に切り替わることがある。

社会的カテゴリー化
　机の引き出しの中がごちゃごちゃになってきたら，整理整頓のために，まず同じような物同士を寄せ集めて，その境界に仕切りを置いて分ければすっきりする。頭の中の整理整頓も同じように，**カテゴリー化**（categorization）によってすっきりさせることができる。例えば，生き物を植物と動物にカテゴリー化

し，さらに動物を脊椎動物と無脊椎動物にカテゴリー化するなどのように，われわれは大量の情報を効率よく理解するためにカテゴリー化する。

カテゴリー化することによって，同じカテゴリーに含まれるものは実際よりも似たもの同士であると認知され，異なるカテゴリーに含まれるものは実際よりも似ていないと認知されるようになる。**タジフェル**と**ウィルクス**（Tajfel & Wilkes, 1963）の行った実験では，長さがちょうど5％ずつ異なる8本の線分を，短い方の4本と長い方の4本とにカテゴリー化したうえで呈示して，それぞれの長さを判断させた。その結果，ちょうどカテゴリーが変わるところで，差が大きく見積もられるという差異の**強調化**（accentuation）が生じていた（図33）。一つ一つの要素よりも，枠組みとなっているカテゴリーの方に着目して認識していることのあらわれである。

同じ仕組みは人物を対象とした実験でも見出されている。**セコードら**（Secord, Bevan, & Katz, 1956））は，黒人らしさから白人らしさへと連続的に変化している15名の顔写真を実験参加者に呈示した。すると実験参加者は，各自で15名の中のどこかで黒人と白人とにカテゴリー化した境界を自分なりにつくっており，それを境として，肌色の濃さや唇の厚さなどの人相的特性の評価と，迷信深さや怠惰，感情的などのパーソナリティ特性の評価が大きく分かれていた。つまり人を対象とした**社会的カテゴリー**（social category）の場合にも同様の現象が伴い，「黒人はみんな○○という特徴をもっている」というような，**ステレオタイプ**（stereotype）的な判断がなされる危険性もあるということである。

図33　カテゴリー化による差異の強調化

社会的カテゴリーには国籍，性別，年齢，職業などような**人口統計学的**（demographic）**変数**も含まれるが，状況によっては，メガネをかけている・かけていない，甘党・辛党，なども社会的カテゴリーとして顕在化する場合もあり，可能性のある基準は無限に存在する。

内集団と外集団

子供の頃に，「グーパー！」や「うらおもて！」などによって，複数の人々を二手に分けた経験は誰しもあるだろう。これは複数の人を区分する**社会的カテゴリー化**（social categorization）の操作の1つであるといえる。学校のクラス分けや運動会で赤組白組に分かれることも同じである。社会的カテゴリーの一方に自分が含まれている場合には，それは**内集団**（ingroup）とよばれ，含まれていない社会的カテゴリーは**外集団**（outgroup）とよばれる。

隣の学校の生徒をみると「似たような人が多いな」と思うが，「あなたの学校には似たような人が多いね」と言われると，「そんなことはない，いろいろな人がいる」と思いがちである。これは**外集団均質性効果**（outgroup homogeneity effect）とよばれる。社会的カテゴリー内を似たもの同士だと思う傾向があることは述べたが，内集団と外集団とに分かれた場合には，その傾向は外集団を見るときに強く出るのである。一般的に内集団の成員との方が付き合いも多く，多くの情報をもっているため，いろいろな人がいるということを知っているのが理由の1つである。

最小条件集団パラダイム

運動会の時に，自分は赤組で，隣のクラスにいる友人が白組だったとしたらどうだろうか。いつもは仲良しでも，その時には急に敵同士になってしまい不思議な気分である。内集団と外集団という区別ができることで生じるこのような変化を実験室で再現するために，以下のような**最小条件集団パラダイム**（minimal group paradigm）とよばれる一連の実験手法が開発された。

タジフェルら（Tajfel, Billig, Bundy, & Flament, 1971）は，人々を2つの社会的カテゴリーに分けた時に，内集団と外集団とを平等に扱うか，それともどちらかを優遇するかを検討した。まず，実験参加者を，人数が等しく，優劣の差が無い2つのグループに分け，その後，報酬の代わりとなるポイントを自分以外の成員へと分配させた。その結果，内集団に属する他者には外集団の他者よりも多くの報酬を分配して優遇するという**内集団びいき**（ingroup favoritism）が生じることが明らかになった。2つのグループは人数や優劣の差が無いのであるから，報酬を分配する際にはどちらにも平等に分配してよいはずである。それにもかかわらず内集団を優遇するのは，自分が含まれている社会的カテゴリーの成員だからという理由以外には考えられない。後の研究者らが解釈するところによれば，内集団を自己と同一視し，それが社会的アイデンティティの一部になっているために内集団びいきが生じるという。つまり，内集団に対しても自己に対するのと同じように対処した，ということである（図34）。

内集団と外集団に分かれるということは，「仲間」と「それ以外」がはっきりするということである。その区別ができると，内集団びいきのように仲間が有

図34 最小集団条件パラダイムの例

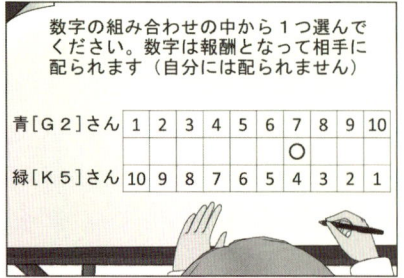

利になるような具体的な処遇をすることも含め，さまざまな行動や認知が「仲間だから」という理由で好意的になる。これを**内集団バイアス**（ingroup bias）という。例えば，自分の出身地の農産物の方がおいしいと感じてしまったり，同郷の人が優秀であると感じてしまったりするのもそうである。

栄光浴

　内集団が外集団よりも肯定的な評価を受けた場合に，その内集団と自己との結びつきを強める傾向もある。**シャルディニ**ら（Cialdini, Borden, Thorne, Walker, Freeman, & Sloan, 1976）は，大学生の登校時の服装を調査したところ，前日に自分の大学のフットボールチームが勝った場合には，大学名が記された服装で登校することが増えることを明らかにした。この現象は，**栄光浴**（または **BIRGing**: basking in reflected glory）とよばれている。自己を肯定的にとらえたいがために，利用できる肯定的な内集団に同一視するのである。例えば，自分の出身校の偏差値が以前より上がってきたり，映画やドラマの舞台になったり，同窓生が有名人になったりすれば，自己紹介で出身学校名を出しやすいということである。

　また，その続きの調査では，調査対象者に電話である質問をして，その質問に正しく答えられなかったと信じさせることで一時的に自尊心を低下させると，自分の大学のフットボールチームの前日の勝敗を問われた際に，勝っていれば「うちの大学（we）は勝った」と表現することが多い。反対に，負けていた場合には，そのような大学との結びつきを現す表現が減った（図35）。つまり，

内集団が否定的な評価をもつ場合には，それに同一視して自尊心が低下することを恐れ，自己との結びつきを弱めることがある。これは **CORFing**（cutting-off-reflected-failure）とよばれる。

黒い羊効果

　ライバル企業との競争が激しくなっているときに，ライバル企業で活躍している社員は悩ましい存在であるが，自社内の誰かががんばって仕事をして高い業績をあげてくれればその人はヒーローである。一方で，ライバル企業の業績の低い社員はライバルの足を引っ張ってくれる存在であるが，社内での業績の低い社員は周りから厳しい評価を受け，肩身の狭い思いをすることになる。このように，内集団の優れた成員は，同じ程度に優れた外集団の成員よりも高く評価され，内集団の劣った成員は，同じ程度に劣った外集団の成員よりも低く評価される傾向がある。これは**黒い羊効果**（black sheep effect）とよばれる現象である。

　優れた成員は内集団の地位を高め，劣った成員は内集団の地位を低めるために，それぞれの評価が極端になると考えられている。例えば，自分が卒業した学校の在校生が事件を起こして学校の評判が悪くなったとしたら，非常に腹立たしいものである。自分の社会的アイデンティティの評価に直結するからである。

　しかし，黒い羊効果は人物を内集団の一員として見る時に生じるものである。それは外集団と対比される場合に強くあらわれる。そのため，単なる一個人と

図35　栄光浴の実験

して見るようになった場合には，自己評価維持理論でいうところの反映過程から比較過程に変わることも考えられる。例えば，試合中にピンチを救ったチームメイトは誇らしいが，試合が終わって，いつもの練習に戻れば，近くにいる優れた仲間はむしろ自尊心を脅かしかねない。

社会的カテゴリーから社会的アイデンティティへ

　友人から「今度結婚する」という連絡をもらった時，「相手は？」と聞けば，「銀行員だよ」とか，「公務員だよ」のように，職業の社会的カテゴリーで答えがかえってくることが多いのではないか。自分の場合も同じように，「自分は何者か？」という定義を示すためには，自分の性格や価値観などのような特徴をあらわす**個人的アイデンティティ**（personal identity）だけでなく，人を社会的に位置づけるのにちょうど良いような社会的カテゴリーに自己が含まれているという**社会的アイデンティティ**（social identity）が必要なのである。では，なぜ職業の社会的カテゴリーが社会的アイデンティティとして利用されやすいのであろうか。

　社会的アイデンティティは，ある社会的カテゴリーの1つに自己が含まれるという**成員性**（membership）を自己の一部として同一視したものであり，そこには誇りや恥などの感情が伴っている。人々をくくる境界線となる社会的カテゴリーは無数にあるが，社会的アイデンティティとして十分に機能するのはその中の一部でしかない。

　例えば，学校では同じクラスであるか他のクラスであるかは，人を位置づけ

> はい！
> 「うちの」大学は勝ちました！
>
> 勝っていればこのような表現が多くなりますが，負けていた場合には・・・

> えー、その時は負けました。
>
> 自尊心がこれ以上低下しないように、否定的な内集団とのつながりを避けた表現になります。

るのによく利用されている枠組みかもしれない。しかし、小さな学校で1学年に1クラスずつしかなかったら、「学年」で自己を位置づけることはあっても、「クラス」によって自己を位置づけることはできない。つまり、単に境界線があれば良いというものではなく、そこに含まれない別の他者との関係、すなわち2つ以上の社会的カテゴリーが対比されていなければ、自己を位置づける社会的アイデンティティにはならないのである。

それでは、「グーパー！」や「うらおもて！」によって二分されただけで、一時的であっても社会的アイデンティティが成立するのだろうか。このような場合には、二手に分かれることが、「野球」や「ドロボウと警察」などの2つの集団が競う遊びをするための区分だからこそ、内集団への仲間意識と外集団への敵対意識が生まれてくる、と考えることもできるだろう。最小集団条件パラダイムでも、二分割した後に、報酬となるポイントを2つの集団の他者に分配するというゲームのような手続きが続く。報酬を集団間で分け合ったり、勝敗を競うような構造の課題を目の前にするからこそ、その社会的カテゴリーを使って自己を社会的に位置づける意味を持ってくるのである。

職業という社会的カテゴリーは、社会の中で相互依存的に機能している。豊かで秩序ある社会を実現するために、それぞれの職業にはさまざまな態度や行動が社会から期待されており、それゆえに重要な社会的アイデンティティとなっているのである。また、性別カテゴリーも社会的アイデンティティとして用いられることが多いが、それも、男性と女性が相互依存的な関係であり、それぞれに固有の態度や行動が社会から期待されているからである。それが弱ま

図36　社会的アイデンティティとライバル意識

れば社会的アイデンティティの枠組みとしての機能も弱くなると考えられる。

10-2　仲間とそれ以外の葛藤と統合

　自己を肯定的な存在としてとらえたいという自己高揚動機があるように，自己と同一視した内集団も肯定的な存在としてとらえたいと思うものである。仲間を大事にすることは望ましいことであるが，内集団の評価が外集団との間で相対的に決まってくる状況では，自分たちを大事にするあまり外集団に対して否定的な行動とることにもなりかねない。

ライバル意識

　「初対面の人と出会ってすぐにライバル意識を燃やした」と聞いたら，何だかよっぽど競争好きな人のようだが，社会的アイデンティティの内容によってはあなたもそうなるかもしれない。

　バスとポートノイ（Buss & Portnoy, 1967）の実験は，社会的アイデンティティによって，「…の一員として」「…の代表として」行動する時の特徴を劇的に示した興味深いものである。まず，ピッツバーグ大学の男子学生の社会的アイデンティティを測定した。その結果，一体感を最も強くもつのは「アメリカ人」に対してであり，次に「男性」，さらに「ピッツバーグ大学」などが続いた。その後，指先に電気ショックを与えて，どの程度の電圧まで痛みに耐えられるかを測定した。休憩時間にそれとなく「ロシア人はアメリカ人より我慢強

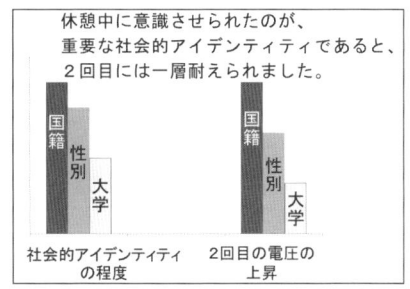

い」などと話をし，最後にもう一度，電気ショックに耐えられる程度を測定した。結果をみると，休憩時間に何の話もされなかった実験参加者は，2回目の電気ショックの方が耐える電圧が下がったが，耐えた電圧が最も上昇したのは「ロシア人はアメリカ人より我慢強い」という話をされた群であり，次に「女性は男性より我慢強い」，さらに「ペンシルバニア大学生はピッツバーグ大学生よりも我慢強い」という話をされた群が続いた（図36）。重要な社会的アイデンティティとなっている国籍や性別の一員としてライバルを意識すると，個人では耐えられないほどの電気ショックにも我慢できるようになるのである。

社会的アイデンティティを刺激することは，社会の役に立つような良い意味での課題遂行への動力源にもなるが，集団間のライバル意識を燃え上がらせることにもなるということである。

集合行動

サッカーの試合観戦中や帰り道に観客らが暴動を起こし，それが時々ニュースで報じられることがある。**ルボン**（LeBon, 1896）による群集についての古典的な研究では，暴徒と化した群集は我を失っており無秩序に行動してしまうと理解されている。それに対して，**ターナー**と**キリアン**（Turner & Killian, 1987）の**創発規範**（emergent norm）**説**では，群集には状況に合わせて一時的に規範がつくりだされており，それに従った秩序立った行動をしていると理解されている。つまり，暴徒であっても闇雲に暴れ回っているだけではなく，それなりの狙いを明確にもっているというのである。

このような時，個人は集団の中で埋没しており，互いを個人として見分けていない状態である。そして，通常のようなひとりの人間として行動をコントロールすることが弱まる反面で，集団全体の統一した行動に流されるようにもなっているのである。この時，**没個性化**（deindividuation）および**脱個人化**（depersonalization）が起こっていると言える。一人一人が個人としての区別やコントロールを失う側面を重視する際に没個性化とよぶことが多く，集団や社会的カテゴリーと自己とを一体化させてとらえる側面を重視する際に脱個人化とよぶことが多い。

さらに，社会的アイデンティティ理論の立場にある研究者は，群集行動は一

人一人が集団の一員として行動した結果生じていると考えた。群集に含まれる個人は互いを内集団成員であるか外集団成員であるかという基準で見分けており，攻撃の対象は外集団に限られているという。まさに運動会での騎馬戦のごとくである。内集団と外集団という区分はライバル意識を生み出すだけでなく，このような集団間の激しい葛藤を生み出す基盤になりうるのである。

泥棒洞窟実験

シェリフら（Sherif, Harvey, White, Hood, & Sherif, 1961）は11〜12歳の少年たちが行うキャンプ活動を通して，集団の形成と集団間の葛藤の発生，および葛藤の解消に関する数回の実験を行った。その内の1954年に行われた実験はオクラホマ州立公園で行われ，公園の名前をとって**泥棒洞窟実験**（Robbers Cave experiment）とよばれている。まず，互いに面識のない20数名の少年が集められ，二手に分かれてキャンプ場に向かう。キャンプ場ではそれぞれのグループは互いに出会うことなく別々にキャンプをし，水泳やハイキング，食事作り，さまざまなゲームなどを体験してグループ内で仲良くなっていった。それぞれの集団ではルールやリーダーもつくりだされ，協同作業を経験することで集団が形成されていくことが明らかになった。

次に，集団間の仲が悪くなるような操作が行われた。2つのグループが顔を合わせ，野球や綱引き，宝探しなどをチーム対抗で行い，勝ったチームには賞品のナイフが一人一人に贈られた。つまりここで互いに妨害的な相互依存的目標（contriently interdependent goals）を共有させた競争的な状況をつくりだしたのである。この操作によって，集団間の仲が悪くなり，互いに悪口を言い合って小競り合いが相次いだ。そして，綱引きに負けた時には，勝った方のグループが置き忘れていった旗を燃やしてしまい，翌朝になって今度は旗を燃やされた方のグループが相手の旗を強奪するなどの騒ぎが続いた。競争的状況によって，まさに集団間葛藤が引き起こされたのである。

続いて，集団間葛藤を解消するための1つ目の仮説が検討された。それは，対等の立場で楽しめる状況を与えることであった。同じ部屋で一緒に映画を観たり食事をしたり，花火をするなどして楽しめるよう計画された。しかし期待どおりにはいかず，顔を合わせた2つの集団はいがみ合い，食事会の最中には

物を投げ合って,「生ゴミ戦争」と言われるに至った。競争的状況を取り去って,楽しく交流できるはずの状況を提供しただけでは,集団間葛藤は解消せず,むしろ悪化することさえあるということである。

　最後に,集団間葛藤を解消するための2つ目の仮説が検討された。それは,**上位目標**（superordinate goal）を与えることであった。すなわち,1つの集団では達成できず,もう一方の集団を含めた全員で協力し合わなければ達成することができないような目標である。まず,飲料水のタンクから水が届かなくなるというトラブルを発生させたところ,タンクからキャンプ地までをつなげるパイプのどこに異常があるかをみんなで一緒になって探し始めた。また,みんなが見たいと思っている映画を上映するための予算的余裕が無いと伝えたところ,2グループからお金を出し合うことになった。さらに,キャンプ場への食料を運ぶトラックのエンジンが動かなくなってしまったような状況をつくりだしたところ,おなかを空かせた少年たちは2グループが一緒になって,エンジンを動かすためにトラックをロープで引き始めたのだった。

　以上のような段階を経て,最終的には2つの集団成員は仲良くなり,一緒にキャンプファイヤーを行うことを決めたり,同じバスに乗って帰ることを希望したりするまでに至ったのである。上位目標に対して全員が同じように協力することによって,葛藤をもたらしていた集団間の境界線は曖昧になり,敵対していた気持ちも和らぐことがわかる。

図37　集団間の葛藤を解消する実験

集団間の相互依存的関係

　泥棒洞窟実験で確認された上位目標の効果は，集団間の葛藤を解消する万能薬のように思うかもしれないが，これを実験室で検討した研究では同じような効果は出ていない。

　デュシャンプと**ブラウン**（Deschamps & Brown, 1983）は，最小集団条件パラダイムに沿って実験参加者を2つの社会的カテゴリーに区分し，競争的な課題を行って葛藤を強めた後に，上位目標を与えて全員が同じ作業に従事する協同課題を与えた。つまり，泥棒洞窟実験と同じ操作を実験室で再現したことになるが，その結果，外集団に対する好意はむしろ低下して仲が悪くなったのである。

　一方で，芸術系学部の学生と理科系学部の学生が参加した実験では，同じように競争的な課題で葛藤を強めた後に，上位目標のもとに，2つの集団が芸術的能力と理系的能力をそれぞれいかせるような異なる仕事を分担して作業に従事させた。つまり促進的な相互依存的目標（promotively interdependent goals）を導入した結果，ようやく集団間葛藤は減少するに至ったのである（図37）。

　上位目標の達成に向かって全員で同じ作業をすることによって，集団間の境界が目立たなくなり集団間葛藤は弱まることもあるようだが，この効果はそれほど強力なものではない。それに対して，上位目標の達成に向かって集団間を相互依存的関係にするという操作は，2つの集団の境界を目立たなくさせるどころかむしろ顕在化させるが，同時に，1つの上位の集団として結びつくとい

う，階層構造をもたらして葛藤が解消するのである。

　人を社会的カテゴリーに分けることは，ステレオタイプ的な判断や，偏見や差別をもたらす可能性もあるため，やめた方が良いと思いたくなるかもしれない。しかし，例えば，警察と消防と救急のいずれが最も優れているか決めることは意味がないと感じるのと同じように，上位目標に対して相互依存的関係となっていれば，安易に足を引っ張り合うような葛藤は生じにくいはずである。

社会観と自己観
　マーカスと北山（Markus & Kitayama, 1991）は，欧米と東洋では自己に関するとらえ方が異なると指摘し，欧米では，自己を社会的文脈から独立したものととらえているとして，それを**相互独立的自己観**（independent self-construal）とよんだ。一方，東洋では，自己を社会的文脈と結合したものととらえているとして，それを**相互協調的自己観**（interdependent self-construal）とよんだ。つまり，欧米では「自分は自分」であり，周りから切り離されているが，東洋では「周りの他者があっての自分」であり，切り離しては考えられないのである。

　このような自己観の違いは，自己を何と同一視してとらえるかにも影響を与え，社会的アイデンティティの違いをもたらす。例えば，自己が自身をどのように認知しているかを測る方法の1つとして**20答法**（TST: twenty statements test）がある。これは，「私は…」で始まる20の文を自由に記述させるという方法である。カズンズ（Cousins, 1989）が，この20答法を用いて日米の大学生を対象に調査したところ，「私は正直者です」のように状況とあまり関連のない内容はアメリカの大学生の方が多く，「私はサッカー部のキャプテンです」などのように，「だれと何をするか」という状況と関連が深い内容は日本の大学生の方が多かった。また，20答法を行う際に「家で」「学校で」「親しい友人と」のように，他者と交流する場面を想定させて記述を求めた場合に，日本の大学生は自分の性格を多く記述していた。日本人は周りの他者と関わる時こそが自分であるととらえていることがわかる。

　東洋の自己は他者と交流する場面と結びついているため，場面が変われば自己もそれに合わせて変化し，自分がバラバラになってしまいそうである。しか

し，自己観と社会観とは別物ではなく表裏の関係であるため，社会そのものをまとまりのあるものとして見ていれば，まとまりのある自己観がもたらされるはずである。現代のわれわれは，高度で複雑な社会を統合すると同時に，そこに生きる自己を統合するという，1つの大きな問題に立ち向かっているのである。

結　び

　ひとりぼっちの無人島から複雑な現代社会までという「ストーリー」をたどり終わってみると，今のような社会を維持するわれわれの前には幾多の葛藤が立ちはだかっていることに気づく。
　簡単におさらいしてみよう。無人島で他者を発見しても，むやみに近づくことはできなかった。役に立つ人かもしれないが，予期せぬ干渉にあって心乱されるかもしれないからである。また，他者の猟の仕方や生活の工夫を取り入れていけばいろいろ役に立つこともあるが，何でも周りに合わせていこうとすれば自分の意見と食い違って納得のいかないこともあった。そして，特定の他者と親しくなれば互いにうち解け合い自分にとって大事な人になるが，その人を差しおいてもっと有能な人と親しくしたくなる時もあり悩むことがあった。集団を作るようになってからも同じような葛藤があり，まとまりの良い集団ほど，せっかくの優れた意見であっても和を乱さぬよう採用しないことがあるとわかった。そして自分がどのように環境に関わる存在であるかを顧みる際には，自分は主体的に行動するものであり操り人形のようにはなりたくないと思っているので，他者や社会から期待される行動があっても素直に従えないこともあるという葛藤があった。しかも，期待される適切な行動は場面によって変わっていく。カメレオンのようになるのが嫌で自分らしさを貫いてしまえば，状況の変化に対応できない「がんこ」な自分になってしまうこともあった。また，高い目標を受け入れれば至らない自己が見えてしまうが，目標を下げてしまえば自分も社会も成長しないというのも困ることであった。
　このように見返してみると，いずれも，環境への適応を実際に上手くやることと，内的な世界において「環境と関わる自分の姿」を納得しようとすることとの間にある葛藤である。環境への適応を重視すると，内的な世界の中に異質

結　び

なものが混ざり込んでくる。内的な世界が乱されないよう大事にしすぎれば，環境への適応を犠牲にすることになってしまう。

　そしてわれわれは，このような葛藤をどのように解決したらよいか現在も模索し続けている。例えば，心の中に異質な部分が生じるのを嫌がって切り捨ててしまうこともある。これも解決策の1つであろう。できるだけ考えないように心がけたり，元凶となる環境への適応や他者との交流をあきらめればよいのである。しかし，環境との関わり方そのものを変えることを伴って，心の中でも異質さを含めたまま矛盾無く統合することがある。このような葛藤と統合とを繰り返しながら，社会が発達していくのと一緒にわれわれの心も大きく豊かに発達していくのである。

引用文献

Adams, J. S. (1965). Inequity in social exchange. In L. Berkowitz (Ed.), *Advances in experimental social psychology*, Vol.2. New York: Academic Press. pp.267-299.

Anderson, N. H. (1965). Averaging versus adding as stimulus-combination rule in impression formation. *Journal of Experimental Psychology*, **70**, 394-400.

Aronson, E., & Linder, D. (1965). Gain and loss of esteem as determinants of interpersonal attractiveness. *Journal of Experimental and Social Psychology*, **1**, 156-171.

Aronson, E., & Mills, J. (1959). The effect of severity of initiation on liking for a group. *Journal of Abnormal and Social Psychology*, **59**, 177-181.

Aronson, N. H. (1978). *The jigsaw classroom*. Beverly Hills, CA: Sage. (松山安雄訳 (1986). ジグソー学級　原書房)

Asch, S. E. (1946). Forming impressions of personality. *Journal of Abnormal and Social Psychology*, **41**, 258-290.

Asch, S. E. (1951). Effects of group pressure upon the modification and distortion of judgment. In H. Guetzkow (Ed.), *Groups, leadership and men*. Pittsburgh, PA : Carnegie Press.

Beeman, A. L., Klentz, B., Diener, E., & Svanum, S. (1979). Self-awareness and transgression in children: Two field studies. *Journal of Personality and Social Psychology*, **37**, 1835-1846.

Bem, D. J. (1972). Self-perception theory. In L. Berkowitz (Ed.), *Advances in experimental social psychology*, vol.6. New York: Academic Press. pp.1-62.

Benedict, R. (1946). *The chrysanthemum and the sword: Patterns of Japanese culture*. Boston, MA: Houghton Mifflim. (長谷川松治訳 (1967). 菊と刀―日本文化の型　社会思想社)

Bickman, L. (1974). The social power of a uniform. *Journal of Applied Social Psychology*, **4**, 47-61.

Buss, A. H., & Portnoy, N. W. (1967). Pain tolerance and group identification. *Journal of Personality and Social Psychology*, **1**, 106-108.

Byrne, D., & Nelson, D. (1965). Attraction as a linear function of proportion of positive reinforcements. *Journal of Personality and Social Psychology*, **1**, 659-663.

Cartwright, D., & Zander, A. (1960). *Group dynamics: Research and theory*. (2nd ed.).

New York: Harper & Row. (三隅二不二・佐々木薫訳編 (1969-1970). グループ・ダイナミックス 第二版 I・II 誠信書房)

Cialdini, R. B., Borden, R. J., Thorne, A., Walker, M. R., Freeman, S., & Sloan, L. R. (1976). Basking in reflected glory: Three (football) field studies. *Journal of Personality and Social Psychology*, **34**, 366-375.

Clark, M. S., & Mills, J. (1979). Interpersonal attraction in exchange and communal relationships. *Journal of Personality and Social Psychology*, **37**, 12-24.

Coch, L., & French Jr., J. R. P. (1948). Overcoming resistance to change. *Human Relations*, **1**, 512-533.

Cooley, C. H. (1909). *Social organization*. New York: Schocken. (大橋幸他訳 (1970). 社会組織論 青木書店)

Cousins, S. D. (1989). Culture and self-perception in Japan and the United States. *Journal of Personality and Social Psychology*, **56**, 124-131.

Davis, K. (1985). Near and dear: Friendship and love compared. *Psychology Today*, **19**, 22-30.

Deschamps, J. C., & Brown, R. (1983). Superordinate goals and intergroup conflict. *British Journal of Social Psychology*, **22**, 189-195.

Deutsch, M., & Gerard, H. B. (1955). A study of normative and information social influences upon individual judgment. *Journal of Abnormal and Social Psychology*, **51**, 629-636.

Deutsch, M. (1949). An experimental study of the effects of cooperation and competition upon group process. *Human Relations*, **2**, 199-232.

Deutsch, M. (1975). Equity, equality, and need: What determines which value will be used as the basis of distributive justice? *Journal of Social Issues*, **31**, 137-149.

Dion, K., Berscheid, E., & Walster, E. (1972). What is beautiful is good. *Journal of Personality and Social Psychology*, **24**, 285-90.

Donahue, E. M., Robins, R. W., Roberts, B. W., & John, O. P. (1993). The divided self: Concurrent and longitudinal effects of psychological and social roles on self-concept differentiation adjustment. *Journal of Personality and Social Psychology*, **64**, 834-846.

Dutton, D. G., & Aron, A. P. (1974). Some evidence for heightened sexual attraction under conditions of high anxiety. *Journal of Personality and Social Psychology*, **30**, 510-517.

Dweck, C. S. (1975). The role of expectations and attributions in the alleviation of learned helplessness. *Journal of Personality and Social Psychology*, **31**, 674-685.

Festinger, L., & Carlsmith, J. M. (1959). Cognitive consequences of forced compliance. *Journal of Abnormal and Social Psychology*, **58**, 203-211.

Festinger, L. (1954). A theory of social comparison processes. *Human Relations*, **7**, 117-140.
Festinger, L. (1957). A theory of cognitive dissonance. Stanford, CA: Stanford University Press.
Festinger, L., Schachter, S., & Back, K. (1950). *Social pressures in informal groups: A study of housing community*. Stanford, CA: Stanford University Press.
古川久敬 (1983). 管理行動としての報酬分配 心理学研究, **54**, 43-49.
Grammer, K., & Thornhill, R. (1994). Human (*Homo sapiens*) facial attractiveness and sexual selection: The role of symmetry and averageness. *Journal of Comparative Psychology*, **108**, 233-242.
Haney, C., Banks, C., & Zimbardo, P. (1973). A Study of prisoners and guards in a simulated prison. *Naval Research Reviews*, **9**, 1-17.
Hardin ,G. (1968). The tragedy of the commons. *Science*, **162**, 1243-1248.
林　文俊・津村俊充・大橋正夫 (1977). 顔写真による相貌特徴と性格特性の関連構造の分析　名古屋大学教育学部紀要 (教育心理学科), **24**, 35-42.
Heider, F. (1958). *The psychology of interpersonal relations*. Wiley.
井上和子 (1985). 恋愛関係におけるEquity 理論の検証　実験社会心理学研究, **24**, 127-134.
James, W. (1892). *Psychology: Briefer course*. New York: Henry Holt. (今田 寛訳 (1993). 心理学　岩波書店)
Janis, I. L. (1971). Groupthink. *Psychology Today*, **5**, 43-46, 74-76.
Jones, E. E., & Davis, K. E. (1965). From acts to dispositions: The attribution processes in person perception. In L. Berkowitz (Ed.), *Advances in experimental social psychology*, vol.2. Academic Press. pp.219-266.
Jones, E. E., & Harris, V. A. (1967). The attribution of attitudes. *Journal of Experimental Social Psychology*, **3**, 1-24.
Köhler, W. (1927). *The mentality of apes*. New York: Liveright.
Kelley, H. H., & Thibaut, J. W. (1978). *Interpersonal relations: A theory of interdependence*. New York: John Wiley & Sons.
Kelley, H. H. (1972). Causal schemata and the attribution process. In E. E. Jones, D. E. Kanouse, H. H. Kelley, R. E. Nisbett, S. Valins, & B. Weiner (Eds.), *Attribution: Perceiving the causes of behavior*. Morristown, NJ: General Learning Press. pp.151-174.
吉川肇子 (1989). 悪印象は残りやすいか？　実験社会心理学研究, **29**, 45-54.
King, B. T., & Janis, I. L. (1956). Comparison of the effectiveness of improvised versus nonimprovised role playing in producing opinion change. *Human Relations*, **9**, 177-186.

Langer, E. J. (1975). The illusion of control. *Journal of Personality and Social Psychology*, **32**, 311-328.

Latané, B., & Darley, J. M. (1970). *The unresponsive bystander: Why doesn't he help.* New York: Appleton-Century-Crofts. (竹村研一・杉崎和子訳(1977). 冷淡な傍観者—思いやりの社会心理学　ブレーン出版)

Latané, B., Williams, K., & Harkins, S. (1979). Many hands make light the work: Causes and consequences of social loafing. *Journal of Personality and Social Psychology*, **37**, 822-832.

Le Bon, G. (1896). *The crowd.* London: T. Fisher Unwin. (桜井成夫訳(1993). 群集心理　講談社)

Leary, M. R., Tambor, E. S., Terdal, S. K., & Downs, D. L. (1995). Self-esteem as an interpersonal monitor: The sociometer hypothesis. *Journal of Personality and Social Psychology*, **68**, 518-530.

Lefkowitz, M., Blake, R. R., & Mouton, J. S. (1955). Status factors in pedestrian violation of traffic signals. *Journal of Abnormal and Social Psychology*, **51**, 704-706.

Lepper, M. R., Green, D., & Nisbett, R. E. (1973). Undermining children's intrinsic interest with extrinsic rewards: A test of the "over justification" hypothesis. *Journal of Personality and Social Psychology*, **28**, 129-137.

Markus, H., & Kitayama, S. (1991). Culture and the self: Implications for cognition, emotion, and motivation. *Psychological Review*, **98**, 224-253.

Mead, G. H. (1934). *Mind, self and society,* (Morris, C.W. Ed.). Chicago, IL: The University of Chicago Press. (稲葉三千男他訳(1973). 精神・自我・社会　青木書店)

Milgram, S. (1974) *Obedience to authority: An experimental view.* Harper & Row. (岸田秀訳(1975). 服従の心理　河出書房新社)

Milgram, S., Bickman, L., & Berkowitz, O. (1969). Note on the drawing power of crowds of different size. *Journal of Personality and Social Psychology*, **13**, 79-82.

三隅二不二(1978). リーダーシップ行動の科学　有斐閣

Moscovici, S., Lage, E., & Naffrechoux, M. (1969). Influence of a consistent minority on the responses of a majority in a color perception task. *Sociometry*, **32**, 365-379.

Murstein, B. I. (1977). The stimulus-value role (SVR) theory of dyadic relationships. In S. W. Duck (Ed.), *Theory and practice in interpersonal attraction.* London: Academic Press.

Newcomb, T. M., Koenig, K. E., Flacks, R. F., & Warwick, D. P. (1967). *Persistence and change: Bennington College and its students After Twenty-five Years.* New York: Wiley.

Noelle-Newmann, E. (1993). *The spiral of silence: Public opinion, our social skin.* (2nd ed.) Chicago, IL: University of Chicago Press. (池田謙一・安野智子訳(1997). 沈黙

の螺旋理論―世論形成過程の社会心理学（改訂版）　ブレーン出版）
大渕憲一（1982）. 不合理な欲求不満に対する攻撃反応と原因情報　犯罪心理学研究, **19**, 11-20.
Pavlov, I. P. (1927). *Conditioned reflexes.* New York: Oxford University Press.
Perrett, D. I., Lee, K. J., Penton-Voak, I., Rowland, D., Yoshikawa, S., Burt, D. M., Henzi, S. P., Castles, D. L., & Akamatsu, S. (1998). Effects of sexual dimorphism on facial attractiveness. *Nature,* **394**, 884-887.
Rosenberg, M. J., & Hovland, C. I. (1960). Cognitive, affective, and behavioral components of attitudes. In C. I. Hovland, & I. L. Janis (Eds.), *Attitude organization and change.* New Haven, CT: Yale University Press. pp.1-14.
Rubin, Z. (1970). Measurement of romantic love. *Journal of Personality and Social Psychology,* **16**, 265-273.
Rusbult, C. E. (1980). Commitment and satisfaction in romantic associations: A test of the investment model. *Journal of Experimental Social Psychology,* **16**, 172-186.
Schachter, S. (1959). *The psychology of affiliation.* Stanford, CA: Stanford University Press.
Schmitt, B. H., Gilovich, T., Goore, N., & Joseph, L. (1986). Mere presence and social facilitation: One more time. *Journal of Experimental Social Psychology,* **22**, 242-248.
Schopenhauer, A. (1851). *Parerga und Paralipomena: Kleine philosophische Schriften.* Zweiter Baand.（秋山英夫訳（1973）. ショーペンハウアー全集14　白水社）
Secord, P. F., Bevan, W., & Katz, B. (1956). The negro stereotype and perceptual accentuation. *Journal of Abnormal and Social Psychology,* **53**, 78-83.
Seligman, M. E. P. (1975). *Helplessness: On depression, development, and death.* San Francisco, CA: W.H. Freeman.
Sherif, M. (1936). *The psychology of social norms.* New York: Harper Collins.
Sherif, M., Harvey, O. J., White, B. J., Hood, W. R., & Sherif, C. W. (1961). *Intergroup conflict and cooperation: The Robbers Cave experiment.* Norman, OK: University of Oklahoma Book Exchange.
渋谷昌三（1990）. 人と人との快適距離―パーソナル・スペースとは何か　日本放送出版協会
Skinner, B. F. (1938). *The behavior of organisms: An experimental analysis.* New York: Appleton-Century-Crofts.
Swann, Jr., W. B., & Hill, C. A. (1982). When our identities are mistaken: Reaffirming self-conceptions through social interaction. *Journal of Personality and Social Psychology,* **43**, 59-66.
Tajfel, H., & Wilkes, A. L. (1963). Classification and quantitative judgment. *British Journal of Psychology,* **54**, 101-114.

Tajfel, H., Billig, M. G., Bundy, R. P., & Flament, C. L. (1971). Social categorization and intergroup behavior. *European Journal of Social Psychology*, **1**, 149-178.

田島　司 (2000). 態度の類似性の判断と対人魅力に及ぼす背景要因の対比効果：態度内容の身近さが与える影響　心理学研究, **71**, 345-350.

Tesser, A., & Campbell, J. (1982). Self-evaluation maintenance and the perception of friends and strangers. *Journal of Personality*, **50**, 261-279

Thomas, K. (1976). Conflict and conflict management. In M. D. Dunnette (Ed.), *Handbook of industrial organization psychology*. Chicago, IL: Rand McNally.

Triandis, H. C. (1995). *Individualism and collectivism*. Boulder, CO: Westview Press.

Turner, R., & Killian, L. M. (1987). *Collective behavior*. Englewood Cliffs, NJ: Prentice-Hall.

Walster, E., Aronson, V., Abrahams, D., & Rottman, L. (1966). Importance of physical attractiveness in dating behavior. *Journal of Personality and Social Psychology*, **4**, 508-516.

Walster, E., Bersheid, E., & Walster, W. (1976). New directions in equity research. In L. Berkowitz (Ed.), *Advances in experimental social psychology*, Vol.9. New York: Academic Press. pp.1-42.

Wicklund, R. A. (1975). Objective self-awareness. *Advances in Experimental Social Psychology*, **8**, 233-275.

Worchel, S., Arnold, S. E., & Harrison, W. (1978). Aggression and power restoration: The effects of identifiability and timing on aggressive behavior. *Journal of Experimental Social Psychology*, **14**, 43-52.

吉田琢哉・高井次郎 (2008). 期待に応じた自己認知の変容と精神的健康との関連：自己概念の分化モデル再考　実験社会心理学研究, **47**, 118-133.

Zajonc, R. B. (1968). Attitudinal effects of mere exposure. *Journal of Personality and Social Psychology*, **9**, 1-27.

Zimbardo, P. G. (1970). The human choice: Individuation, reason, and order versus deindividuation, impulse, and chaos. In W. J. Arnold, & D. Levine (Eds.), (1969). *Nebraska symposium on motivation*. Lincoln, NE: University of Nebraska Press. pp.237-307.

事項索引

あ
一般化された他者　71
栄光浴　111
SVR 理論　48
オペラント条件づけ　4

か
外集団　109
　――均質性効果　109
外的統制　76
外発的動機づけ　79
学習性無力感　76
覚醒水準　8
獲得‐損失効果　42
カテゴリー化　107
下方比較　94
観客効果　8
観察者効果　8
関連性　95
規範的影響　25
客体的自覚理論　91
共行動効果　18
凝集性　101
強調化　108
共同的関係　54
共有地の悲劇　60
均衡理論　85
近接性　39
黒い羊効果　112
合意妥当性　39
光背効果　36
衡平　53
高モニター　88
コーシャスシフト　66
CORFing　112

後光効果　36
個人主義　59
個人的アイデンティティ　113
古典的条件づけ　2
コントロール幻想　77
根本的な帰属のエラー　74

さ
最小条件集団パラダイム　110
錯誤帰属　15
自覚状態　91
ジグソー学習　69
自己
　――開示　50
　――確証動機　87
　――高揚動機　90
　――査定　96
　――制御　92
　――知覚理論　75
　――評価維持理論　95
自尊感情　89
自尊心　89
自動運動現象　20
社会的
　――アイデンティティ　113
　――カテゴリー　108
　　　――化　109
　――交換理論　52
　――実在性　21
　――ジレンマ　60
　――促進　18
　――手抜き　62
　――比較　93
　――抑制　19
集団

――移行　63
――規範　63
――極性化　66
――志気　63
――思考　67
――主義　59
――浅慮　67
――目標　58
――モラル　63
主体性　17
上位目標　118
承諾先取法　86
情動伝染　18
情報の影響　22
情報統合理論　36
上方比較　94
初頭効果　35
人口統計学的変数　109
身体的魅力　37
心理的距離　95
親和動機　27
遂行　95
ステレオタイプ　108
成員性　113
責任の分散　50
セルフ・ハンディキャッピング　92
セルフサービングバイアス　77
セルフモニタリング　88
相互協調的自己観　120
相互独立的自己観　120
創発規範説　116
促進的な相互依存的目標　68
ソシオメーター　91

た
対応推論　74
対人葛藤　55
態度　85
脱個人化　116
段階的要請法　86

単純接触効果　13
地位　100
沈黙の螺旋　31
追従　25
釣り合い仮説　38
洞察　5
統制の所在　76
同調　21
泥棒洞窟実験　117

な
内集団　109
――バイアス　111
――びいき　110
内的統制　76
内発的動機づけ　79
内面化　23
20答法　120
認知的な倹約家　34
認知的不協和　83
ネガティビティ・バイアス　43

は
パーソナルスペース　10
ハロー効果　36
反映過程　96
BIRGing　111
PM理論　104
比較過程　96
必要　101
平等　101
ブーメラン効果　81
フット・イン・ザ・ドア　86
物理的実在性　5
フリーライダー　61
ブレーンストーミング　62
プロセス・ロス　62
返報性　51
妨害的な相互依存的目標　69
ポジティブ幻想　93

没個性化　116

ま
マッチング仮説　38
モデリング　19

や
ヤマアラシのジレンマ　11

ら
リーダーシップ　103
リスキーシフト　66
ローボール　86

わ
割引原理　75
割増原理　75

人名索引

あ
アダムス, J. S.　53
アッシュ, S. E.　24, 35
アロン, A. P.　15
アロンソン, E.　41, 65
アンダーソン, N. H.　36
井上和子　53
ウィックランド, R. A.　91
ウィルクス, A. L.　108
ウォルスター, E.　37, 53
大渕憲一　55

か
カートライト, D.　58
カールスミス, J. M.　83
カズンズ, S. D.　120
カッチ, L.　102
北山　忍　120
吉川肇子　43
キャンベル, J.　95
キリアン, L. M.　116
キング, B. T.　81
クーリー, C. H.　71
ケーラー, W.　4

ケリー, H. H.　52, 75

さ
ザイアンス, R. B.　13
ザンダー, A.　58
ジェームズ, W.　71, 90
ジェラード, H. B.　22, 25
シェリフ, M.　20, 117
渋谷昌三　39
シャクター, S.　27
ジャニス, I. L.　67, 81
シャルディニ, R. B.　111
シュミット, B. H.　10
ショーペンハウアー, A.　11
ジョーンズ, E. E.　74
ジンバルド, P. G.　44, 80
スキナー, B. F.　4
スワン, Jr., W. B.　87
セコード, P. F.　108
セリグマン, M. E. P.　76

た
ターナー, R.　116
ダーリー, J. M.　50

高井次郎　88
タジフェル, H.　108, 110
田島　司　42
ダットン, D. G.　15
デイヴィス, K. E.　54, 74
ディオン, K.　37
ティボー, J. W.　52
テッサー, A.　95
デュシャンプ, J. C.　119
ドイチュ, M.　22, 25, 68, 101
ドゥエック, C. S.　78
ドナヒュー, E. M.　88
トリアンディス, H. C.　59

な
ニューカム, T. M.　23
ネルソン, D.　40
ノエル＝ノイマン, E.　31

は
ハーディン, G.　60
バーン, D.　40
ハイダー, F.　85
パヴロフ, I. P.　2
バス, A. H.　115
林　文俊　34
ビーマン, A. L.　92
ヒル, C. A.　87
フェスティンガー, L.　83, 94
ブラウン, R.　119
古川久敬　100

フレンチ, Jr., J. R. P.　102
ベネディクト, R.　59
ホヴランド, C. I.　85
ポートノイ, N. W.　115

ま
マーカス, H.　120
マースタイン, B. I.　48
ミード, G. H.　71
三隅二不二　104
ミルグラム, S.　28, 30
ミルズ, J.　65
モスコビッチ, S.　31

や
吉田琢哉　88

ら
ラスバルド, C. E.　52
ラタネ, B.　50, 62
ランガー, E. J.　77
リンダー, D.　41
ルビン, Z.　54
ルボン, G.　116
レッパー, M. R.　80
ローゼンバーグ, M. J.　85

わ
ワーチェル, S.　45

【著者紹介】
田島　司（たじま・つかさ）
北九州市立大学文学部教授。
学習院大学人文科学研究科博士後期課程単位修得退学。
博士（心理学）。
主著に，『現代社会を社会心理学で読む』（分担執筆，ナカニシヤ出版，2009），「自己概念の多面性と精神的健康との関係―女子大学生を対象とした調査―」（心理学研究，**81**，523-528，2010），「社会的文脈間における自己の一貫性について―「本当の自分」が現れていると感じることとの関連から―」（北九州市立大学文学部紀要，**15**，31-37，2008）など。

社会心理学のストーリー
無人島から現代社会まで

2012 年 4 月 20 日　初版第 1 刷発行
2019 年 5 月 15 日　初版第 2 刷発行

（定価はカヴァーに表示してあります）

　　　　　　著　者　田島　司
　　　　　　発行者　中西　良
　　　　　　発行所　株式会社ナカニシヤ出版
　　　　〒606-8161 京都市左京区一乗寺木ノ本町 15 番地
　　　　　　　　　　Telephone　075-723-0111
　　　　　　　　　　Facsimile　075-723-0095
　　　　　　　　Website　http://www.nakanishiya.co.jp/
　　　　　　　　E-mail　iihon-ippai@nakanishiya.co.jp
　　　　　　　　　　郵便振替　01030-0-13128

装幀＝白沢　正／印刷・製本＝ファインワークス
Copyright © 2012 by T. Tajima
Printed in Japan.
ISBN978-4-7795-0633-8

本書のコピー，スキャン，デジタル化等の無断複製は著作権法上での例外を除き禁じられています。本書を代行業者等の第三者に依頼してスキャンやデジタル化することはたとえ個人や家庭内の利用であっても著作権法上認められておりません。

体験で学ぶ社会心理学
吉田俊和・元吉忠寛 編

多数派に流される判断，ステレオタイプ的なものの見方など，社会心理学で説明できる人間行動を，身をもって体験しながら楽しく学ぶ。いかに社会規範やまわりの人間関係にとらわれているかを理解し，視野を広げよう。

B5判 203頁 2000円＋税

個と集団のアンソロジー
生活の中で捉える社会心理学

武田正樹・藤田依久子 著

セールストークにうっかりのってしまう人，お年寄りに席を譲りたいのに譲れない人，これらは個人の特性なのか集団の影響力にとらわれているだけなのか。個と集団の関わりを，多くの実験や理論を紹介しながら解説する。

A5判 248頁 2400円＋税

シミュレーション世界の社会心理学
ゲームで解く葛藤と共存

広瀬幸雄 編著

ミニ世界を導入して，その中で飢餓，貧困，テロリズム，経済競争，そして環境汚染など起こさせる。これらの問題に対して，人々あるいは集団や組織はどのように立ち向かっていくのかを仮想世界ゲームの中で体験しながら学ぶ。

A5判 242頁 2000円＋税

社会心理学
個人と集団の理解

吉田俊和・松原敏浩 編著

社会心理学の面白さは，可能な限り単純な理論でわれわれの社会を説明してくれることにあるが，本書ではそれにひねりを加え，新たな視点をもちこむことをもくろんで，個と集団の社会を俎上に乗せた。

A5判 266頁 2000円＋税

社会の中の人間理解
社会心理学への招待

大坊郁夫・安藤清志 編

現代の社会心理学が扱う主要な問題を，最新の研究成果に基づいて分かりやすく解説したテキスト。日常生活の中で身近に出会う問題に焦点を当て，社会心理学がそれらをどのように研究し，どのような事実が明らかになったかを描く。

四六判 200頁 1900円＋税

人間理解のグループ・ダイナミックス

吉田道雄 著

人は社会の中で生まれ，社会の中で生きてゆく。自分と他人を理解するために，集団の中での人間心理をやさしく解説した入門。集団のもつ力，集団規範，援助行動，組織の活性化や変革などを具体例で示す。

四六判 164頁 1800円＋税

ことばの社会心理学
（第4版）

岡本真一郎 著

言語コミュニケーションに社会心理学的観点からアプローチする好評テキストの第4版。ことばは対人過程の中でどのように発話され理解されるか？ 日本語の会話，CMC，社会的認知など最新の研究を追加して大幅に改訂。

A5判 288頁 3100円＋税

対人コミュニケーション入門［上］
（第2版）

藤田依久子 著

対人コミュニケーションにまつわるミルグラムやウォルスターの心理学実験，「ジョハリの窓」「交流分析」「認知的不協和の理論」など基本理論を平明に解説した，コミュニケーション・スキルを身につけるための好評書。より読みやすく改訂。

A5判 152頁 1800円＋税

離婚の心理学
パートナーを失う原因とその対処

加藤 司 著

こんな人物は離婚をする——なるべくして離婚にいたる理由や，それでも離婚しないための対策，なにがあってもパートナーと良好な関係を維持する方法について，多くの実証研究から得られた答えをあますところなくやさしく解説。

A5判 272頁 2600円＋税

もう一つの社会心理学
社会行動学の転換に向けて

K. J. ガーゲン 著
杉万俊夫・矢守克也・渥美公秀 監訳

従来の社会心理学の本流からその批判へと転じたガーゲンの記念碑的著作，新装版で待望の復刊！ 徹底的な批判的考察と，自明とされる諸前提を相対化し新たな現実を生成する社会構成主義の可能性の全容。

A5判 376頁 4800円＋税

社会構成主義の理論と実践
関係性が現実をつくる

K. J. ガーゲン 著
永田素彦・深尾 誠 訳

社会構成主義の可能性を理論・応用の両側面から総合的に考察するガーゲンの主著。ポスト・モダニズムの思考の成果とナラティブ・セラピー等の具体的諸実践を独自の「関係」概念を軸に結びつける革命的試み。

A5判 444頁 5800円＋税

あなたへの社会構成主義

K. J. ガーゲン 著
東村知子 訳

社会構成主義の重鎮ガーゲンによる，「常識」を覆す社会構成主義への格好の入門書。「心」とは？ 「自己」とは？ 「事実」とは？ 一般読者のために平易な言葉で語り，ガーゲンとの対話の世界へ誘う。

A5判 368頁 3500円＋税